尼泊尔普拉昌达总理
演讲选集

［尼泊尔］普什帕·卡迈勒·达哈尔（普拉昌达） 著

李 涛 高 亮 崔佳宇 刘西泚 译

五洲传播出版社

图书在版编目（CIP）数据

尼泊尔普拉昌达总理演讲选集 /（尼泊尔）普拉昌达
著；李涛等译 . -- 北京：五洲传播出版社，2023.10
　ISBN 978-7-5085-5125-8

　Ⅰ . ①尼… Ⅱ . ①普… ②李… Ⅲ . ①普拉昌达 - 演
讲 - 汇编 Ⅳ . ① D735.509

中国国家版本馆 CIP 数据核字 (2023) 第 189336 号

尼泊尔普拉昌达总理演讲选集

作　　者：	［尼泊尔］普什帕·卡迈勒·达哈尔（普拉昌达）
译　　者：	李　涛　高　亮　崔佳宇　刘西沚
出 版 人：	关　宏
责任编辑：	樊程旭
出版发行：	五洲传播出版社
地　　址：	北京市海淀区北三环中路 31 号生产力大楼 B 座 6 层
邮　　编：	100088
发行电话：	010-82005927，010-82007837
网　　址：	www.cicc.org.cn www.thatsbooks.com
印　　刷：	北京市房山腾龙印刷厂
开　　本：	700 毫米 × 1000 毫米　　16 开
印　　张：	16.25 印张
字　　数：	150 千字
版　　次：	2023 年 10 月第 1 版第 1 次印刷
书　　号：	ISBN 978-7-5085-5125-8
定　　价：	88.00 元

目录

序言 | 001

序言 | 005

前言 | 009

01 让我们行动起来，减少气候变化的影响 | 014

02 在亚洲政党国际会议（ICAPP）尼泊尔民主转型特别
   研讨会上的讲话 | 031

03 在"超越三边对话的跨喜马拉雅合作"研讨会上
   的讲话 | 035

04 在全球雪豹和生态系统保护计划（GSLEP）第二次
   指导委员会会议上的讲话 | 044

05 尼泊尔–中国关系：发展与繁荣前景 | 049

06 政府激发了人们的自信心 | 060

07 我们为稳定、发展和繁荣而奋斗 | 072

08 马克思主义与当今社会主义 | 085

09 促进尼印关系：智库的作用 | 095

10 尼泊尔近期事态发展与尼印关系的推进 ┃ 104

11 在2018年国际和平日纪念活动上的讲话 ┃ 118

12 在2019年尼泊尔投资峰会上的讲话 ┃ 124

13 在社会保障、安全与和平国际会议上的开幕致辞 ┃ 132

14 尼泊尔共产党的合并和我们在国际共产主义
运动中的角色 ┃ 138

15 在第九届亚太地区声援古巴大会开幕式致辞 ┃ 149

16 尼泊尔一贯主张独立自主和不结盟的外交政策 ┃ 155

17 在维护国家独立自主和领土完整的伟大征程中，
我们一路行至今日 ┃ 160

18 在尼泊尔共产党与中国共产党视频会议上的讲话 ┃ 170

19 在中尼建交65周年和中国共产党建党99周年之际
发表致辞 ┃ 177

20 国际关系：尼泊尔与世界秩序 ┃ 180

21 寻求众议院信任投票的演讲 ┃ 186

22 我们怀着改变整个国家和人民生活的决心踏入政坛 ┃ 205

23 奠定宪法所设想的社会主义基础是基层的主要职责 ┃ 224

24 总理普拉昌达向驻尼外交使团通报情况 ┃ 230

25 就本届政府成立六个月来所采取的行动向众议院
发表的演讲 ┃ 241

Kathmandu, Nepal

Prime Minister

Preface

We witnessed an era of turmoil and tumults for the last couple of decades in Nepal. The decade-long People's War launched by the Communist Party of Nepal (Maoist) under my leadership was a historic political event in Nepal. The People's War along with people's relentless brought about phenomenal changes in the country. The period since the People's War started has witnessed some outstanding political turns of events which have far-reaching impact in all sectors of the country. A new constitution was written and promulgated by the democratically elected Constituent Assembly that has ensured great transformation in the structure of state. Nepal is now a federal democratic republic and we have Inclusive democratic system among many others. All hitherto marginalized people have been brought to the political and developmental mainstream. These achievements are the outcome of the People's War and the relentless struggles of the Nepali people for freedom, democracy and better livelihood.

I watched these phenomenal moments and events very closely and also directly took part in the process of political transformation. Being one of the active players of the political process and events during the difficult period and afterwards, I have my own views and standpoints on these events and developments.

This book consists of my speeches and statements given and expressed on different occasions over the period of last one and a half decade. Since these views were expressed in various contexts and on diverse themes, they carry special significance. These articles, I believe, help researchers, historians and others to understand the background, nature and context of the political process and transformation.

History is the chronology of events and their interpretation. Nepal's political history is the chronology of people's struggle. The People's War was the highest expression of people's struggles. The People's War and other peaceful struggles were meant for achieving freedom, equality, progressive change, democracy, development, justice and better living condition of the people. Many people have sacrificed their lives in these struggles for better life and progressive changes. Many others were injured and handicapped while whereabouts of many people is still not known. These people are yet to get justice. On this occasion, I also wish to pay my sincere tributes to those who laid down their lives for the political change and transformation and extend due respect to those who took part in these people's struggle. The change we are enjoying now is due to the struggles and sacrifices of these great martyrs. It is the duty of all to pay glowing tributes to them and safeguard and further consolidate the achievements made in the political fronts. This book, I think, can also be a constructive tributes to all martyrs, and those who got injured during the People's war and various struggles and also the people who have disappeared. .

On this occasion, I extend my appreciation to the publisher of this book who expressed desire to translate into Chinese language and publish in Chinese. This will also help Chinese readers to understand the process of political change during the last one and half decade in Nepal more accurately. I am also optimistic that this book will help further deepen friendship and cooperation between Nepal and China.

Date: 1 sep 2023

Puspa Kamal Dahal ' Prachanda'

（普拉昌达总理撰写序言）

序 言

　　在过去几十年里，我们经历了尼泊尔动荡不安的时代。我领导下的尼泊尔共产党（毛主义）发动了长达十年的人民战争，这是尼泊尔历史性的政治事件。这场人民战争以及人民的不懈努力给国家带来了巨大的变化。自人民战争开始以来，尼泊尔发生了一些重大的政治事件，这些事件对国家的各个领域都产生了深远的影响。民主选举的制宪会议制定并颁布的新宪法确保了国家结构的巨大变革。尼泊尔现在是一个联邦民主共和国，具有包容性的民主制度，所有那些此前被边缘化的群体都被纳入了政治和发展的主流。这些成就是人民战争和尼泊尔人民为自由、民主和更好的生活而不懈奋斗的结果。

我密切关注着这些非凡的时刻与事件，也直接参与了政治转型的进程。作为艰难时期及之后诸多政治进程和政治事件的重要参与者之一，我对这些事件与进展有自己的看法和观点。

本书收录了我在过去十五年间于不同场合发表的演讲和讲话。这些观点是我在不同背景下就不同主题发表的，因此它们具有特殊意义。我相信，这些文章有助于研究人员、历史学者和其他人了解尼泊尔政治进程和变革的时代背景、事件性质和历史经历。

历史是事件的编年与其背后的诠释。尼泊尔的政治历史是人民斗争的编年史，而人民战争则是人民斗争的最高表现形式。人民战争和其他和平斗争都是为了实现自由、平等、进步、变革以及民主、发展与正义，让人民拥有更好的生活条件。太多人在这些为了追求更好生活和进步变革的斗争中牺牲了自己的生命，还有很多人受伤并残疾，许多人至今下落不明，这些人仍然在等待正义的到来。在此，我想向那些为政治变革和转型献出生命的同胞们致以诚挚的悼念，向参与人民斗争的群众表示崇高的敬意。我们现在所享有的改变皆源自这些伟大烈士的斗争和牺牲，向他们致以崇高的敬意并进一步维护和巩固他们在政治领域取得的成果，是我们所有人的职责。我认为，这本书也可以视为对所有烈士以及在人民战争和各种斗争中受伤、失踪的人的致敬。

在此，我谨对本书的出版者表示感谢。他们翻译这些文章并以中文出版，将帮助中文读者更准确地了解尼泊尔过去十五年的政治变革历程。同时我也乐观地相信，这本书将有助于进一步深化尼泊尔和中国之间的友谊与合作。

尼泊尔联邦民主共和国总理

普什帕·卡迈勒·达哈尔（普拉昌达）

尼泊尔 加德满都

2023 年 9 月 1 日

序 言

　　我对四川大学南亚研究所将尼泊尔总理普什帕·卡迈勒·达哈尔（普拉昌达）阁下的演讲选集翻译成中文出版表示衷心祝贺。李涛教授和她的团队以及出版社和所有参与到演讲选集翻译、编辑工作的人员，都承担了将这些演讲稿翻译为中文并出版的艰巨任务，十分值得表彰。

　　本书共选编了 25 篇文章，包括以尼泊尔总理和以主要反对党领袖的身份在不同时期发表的议会演讲，内容涉及尼泊尔的政治转型、马克思主义与社会主义、尼泊尔的经济以及尼泊尔的发展与繁荣、尼泊尔共产党的统一、基层政府在奠定尼泊尔社会主义基础中的作用、尼泊尔与中国的关系、尼泊尔共产党与中国共产党的关系、国际共产主义运动、尼泊尔共产主义运动在国际层面的作用、尼泊尔的不结盟外交政策、尼泊尔国家独立和领土完整、国际和平、和平与安全以及气候变化。普拉昌达总理的这些演讲和文章发表于 2014 年至 2023 年，其内容反映了他在尼泊尔经历 2015 年制宪进程后的时期、尼中关系快速发展时期以及世界面临全球新秩序带来的挑战的这一关键时期的观点。此外，他的演讲中还有一些观点是在新冠疫情带来持续挑战和西方与中国之间的紧张关系不断升级的背景下提出的。

演讲强调了尼泊尔不结盟外交政策的至关重要性，也强调了尼泊尔与中国合作对于促进地区和平、发展与繁荣的重要性。演讲还强调了在国家、地区乃至世界范围内和平与和谐的价值观。总理高度评价了尼泊尔共产党与中国共产党之间的关系，并强调这种关系的重要性。此外，他还强调了应对气候变化行动的紧迫性，因为气候变化对数十亿人的生计造成了严重影响，还造成灾难性事件的发生。

我相信该书将成为中国读者的宝贵资料，可以帮助他们了解普什帕·卡迈勒·达哈尔（普拉昌达）阁下关于上述议题的观点。因此，该书将有助于加

强尼中关系，并为广大读者提供对尼泊尔和南亚深
入了解的途径。

　　谢谢！

尼泊尔前驻华大使

里拉·马尼·鲍德尔（Leela Mani Paudyal）

尼泊尔 加德满都

前 言

2019 年 10 月 13 日，习近平主席在加德满都会见尼泊尔共产党联合主席普拉昌达时表示，普拉昌达主席是尼泊尔资深政治家，也是中国人民的好朋友、老朋友，为中尼关系发展做出了重要贡献。

随着美国加紧实施"印太战略"以及推进对我国周边邻国的战略包围，尼泊尔的地缘战略地位不言而喻。普拉昌达同志曾担任尼泊尔三任总理，也是尼共（毛）的主要创始人，中国学界对于他的关注，多集中于其建党思想研究，而对其治国理念研究不多，因此，我们选择近十年普拉昌达作为尼泊尔共产党（毛中心）主席、尼泊尔共产党联合主席和两次就任尼泊尔总理期间的讲话进行选编和翻译。这些讲话在一定程度上可以说是普拉昌达同志治国思想较为定型和成熟的理念，其中既有其作为尼泊尔总理的讲话，也有其作为主要反对党的发声。从这些文章中，我们不仅可以全面了解普拉昌达同志建党治国的思想理念，也能洞悉周边国家治理和政党政治轨迹，更能管中窥豹中国发展模式对邻国的影响。文集收录的 25 篇文章，体现出了普拉昌达总理的治国理念：

首先，高效务实抓经济成为普拉昌达总理国家治理关注的重点。他提出，"我们高度重视经济发展，已采取措施来创造有利的投资环境，强调发挥劳动生产率的作用，加强机构建设，注重投资创新并努力实现经济结构转型"。加大财政税收改革，注重基础设施建设、加强吸引外资并努力实现经济结构转型，成为普拉昌达总理第三次执政的优先事项。他提出，"我们需要在农业、制造业和服务业这三个领域加倍努力"，同时注重提高政府办事和服务效率，优化司法机构的改革，致力于打击腐败，"以实现政府善治、高效和繁荣"。

其次，平衡外交是普拉昌达阁下对外政策的核心。他认为，在全球化的今天，"加强国家间合作是和平、发展与繁荣的根本基础"，发展是和平安全的保障，而和平安全需要各国共同努力，因此强调安全中的"整体性"。他始终坚定不移地维护多极秩序、推动多边主义、实行平衡外交，致力于重振南盟进程，试图以推动环孟加拉湾多领域经济技术合作联通南亚和东南亚；对中印希望实行真正的"邻里平衡政策"，多年来致力于在三国建立"一个和平、发展与合作的三边框架"，使"尼泊尔不仅仅是一个缓冲国，而且可以成为印度和中国之间充满活力的桥梁"，"使尼泊尔人民从我们与邻国的关系中获得最大利益"，并坚信这"将对该地区乃至整个世界产生深远影响"。为了实现这一目标，他提出"超越三边对话的跨喜马拉雅合作"。普拉昌达阁下无论作为总理还是反对党领袖，无论是在政府交往中或学术交流活动上，都多次推动跨喜马拉雅合作，他相信中国的"一带一路"倡议"将有助于喜马拉雅地区的基础设施建设，并消除该地区人员、货物和服务无缝式流动的障碍"，建议"在构建跨喜马拉雅立体互联互通的主题下，走发展道路，发展跨喜马拉雅的命运共同体"。他声称其政府将继续努力加强"与邻国、发展伙伴、劳务移民接收国和所有其他友好国家的关系"，并将自己所坚持的与两个邻国和所有友好国家保持平衡、可靠和友好关系的政策称为"亲尼泊尔"政策。

最后,普拉昌达同志的政党政治理念正从政党斗争转向对跨党派国家治理的追求。作为尼共（毛）的主要创始人和尼泊尔共产党（毛中心）现任党主席,他把马克思主义的基本原理和毛泽东思想与本国的实际相结合,反对意识形态领域的教条主义和经验主义,不断探讨 21 世纪共产主义运动和社会主义实践面临的新问题和在尼泊尔的新实践,以发展尼泊尔的社会主义理论,使之"朝着实现尼泊尔特色的社会主义治理体系迈进或蓄势待发"。他认为"共产主义运动是一个持续发展的过程,是将不断变化的社会以及人类的思考和自然的规律相结合的过程";同时,在对待尼泊尔多党冲突的问题上,他坚信"只要冲突各方表现出应有的努力和灵活,找到解决冲突的共同点,任何规模和层面的冲突或竞争问题都可以得到处理和友好解决"。普拉昌达同志从强烈反对议会制到踏上议会道路以改变尼泊尔,正体现了其共运思想的时代转变。这种转变同样体现在对中国模式的理解上,他认为"中华人民共和国所实行的社会主义模式是具有中国特色的社会主义模式,是以科学社会主义为依托、反映人民愿望、满足国家发展需要的社会主义。中国之所以能在人口最多的情况下发展成为世界第二大经济体，就是因为实行了符合本国特点的社会主义。"

　　本译著的选译和出版充分体现出中尼关系、中尼民心相通走深走实的进程。感谢普拉昌达总理对我们翻译出版译著的授权和赐序，感谢尼泊尔总理新闻顾问 Govinda Acharya 先生提供部分英文文稿并不厌其烦地回复翻译和出版中遇到的问题，感谢尼泊尔前驻华大使 Leela Mani Paudyal 先生的助推和撰写序言，感谢尼泊尔总理外交事务顾问 Rupak Sapkota、尼泊尔前总理私人秘书 Ram Babu Adhikari 和 Vivek Paudyal 先生的协调，感谢尼泊尔博士生 Niraj Lawoju、Prasanta Kumar B.K、Hari Prakash Chand 将部分尼泊尔文章翻译成英文。

　　感谢国防科技大学何朝荣教授的尼文审校，感谢翻译团队以及五洲出版社的领导和编辑团队付出的辛苦，感谢四川大学南亚所、国际合作与交流处和西藏大学尼泊尔研究中心的支持，特别要感谢相关部门领导的支持和协调，没有他们的帮助，这本译著不可能在这么短的时间内出版。

教育部重点研究基地四川大学南亚研究所教授

西藏大学尼泊尔研究中心首席专家

李涛

01

让我们行动起来，减少气候变化的影响

[2014年8月普拉昌达阁下任尼泊尔联合共产党（毛主义）[1]主席和议会反对党领袖时在议会所作演讲]

1　译者注：普拉昌达1979年开始从政，期间历任尼泊尔共产党（火炬）总书记、尼泊尔共产党（团结中心）总书记。1995年普拉昌达领导的尼共（团结中心）召开"第三次中央全会"，将党名改为"尼泊尔共产党（毛主义）"。2009年1月，尼共（毛主义）经过改组合并成立尼泊尔联合共产党（毛主义），普拉昌达出任新党主席。2016年5月，尼泊尔共产党多个毛派宣布合并，组成尼泊尔共产党（毛主义中心），普拉昌达出任新党主席。2018年尼泊尔共产党（联合马列）和尼泊尔共产党（毛主义中心）成立尼泊尔共产党，普拉昌达担任联合党主席主管党内事务，2021年3月，最高法院判决合并无效，重回两党合并前状态，普拉昌达继续担任尼泊尔共产党（毛主义中心）党主席。

尊敬的议长阁下：

白驹过隙，作为反对党领袖，我将利用这个讲坛提出一些问题。我很欣慰，时隔多日后我们的总理先生也来到议会，今天上午，我与他就我国当前的形势进行了交谈，他说目前他的身体状况尚好，并热情洋溢地阐述了他对当前形势的看法。今天我在议会发言时，他也在现场，我认为这是一个好兆头，祝愿他早日康复。众所周知，我国目前正面临着一场可怕的自然灾害，我想重点就这个问题谈谈我的看法。

8月2日在孙科西（Sunkoshi），突如其来的山体滑坡造成了巨大的人员和财产损失。一系列自然灾害波及全国，连日暴雨引发的洪水在全国各地区造成了巨大损失，数百人丧生、失踪或流离失所，成千上万公顷的土地被完全毁坏。当前我们正面临着严重的国家灾难，故有必要分两部分来阐述这个问题。第一部分是，我们需要从政策和战略的角度来思考尼泊尔经常发生的自然灾害原因和应对之法；第二部分是寻求我们可以立即做些什么来应对当前的局势。

第一部分是着眼于长期规划，第二部分是为了解决眼前的问题，即如何管理灾民的康复、救济，庇护所安排以及他们所需的更多其他设施。在就政策性问题和长期战略问题发表一些看法之后，我将就当前的问题发表我的看法。作为反对党领袖，我将努力提出其他亟待解决的问题并总结我的发言。众所周知，雨后洪水、山体滑坡以及夏季火灾这些，已经几乎成为一种常态，造成巨大的人员和物质损失。我们都或多或少地意识到了这种情况，但我们一直面临着这种巨大的痛苦。在会议开始前，我国自然灾害的性质已经发生了变化，季风也是如此。有时它开始得比较晚，会造成像发生在戴勒克（Dailekh）和达楚拉（Darchula）那样的损失，有时它开始得非常晚，更会造成更加难以想象的巨大的物质和人员损失。

几天前，尊敬的议员们高声宣布特莱-马德西（Terai- Madhesh）地区为干旱地区，但现在，我们却面临着洪水造成的巨大的人员伤亡与物资损坏。自然环境发生的变化是什么？国家、政府、政党、知识分子和技术专家，包括所有尼泊尔人民，都必须认真思考这个问题。气候变化对尼泊尔的影响究竟有多大？全世界都能看到气候变暖的影响，这种影响有多大？积雪融化对喜马拉雅山的影响又有多大？我们有必要认真研究和调查我国周围发生的意外和非自然形成的自然灾害的影响，包括它们对自然环境的影响以及这些灾害在国际上的影响。假设尼泊尔的领导层、知识分子和专家对气候变化进行了深入研究，却没有在包括联合国和世界大国在内的国际环境中发起对于该议题的严肃讨论和研究的话，尼泊尔将不得不面临更严重的损失。

由于地处喜马拉雅山腹地，境内多山，我们尼泊尔人成了受害者，印度、中国、南亚乃至全世界也未能幸免。这些影响了数十亿人的灾害事件还导致自然界发生了更深刻的变化。如果我们不认真对待它，而是仅仅把它当作简单的形式逻辑进行形式上的讨论而不深入了解其本质的话，那么这些事件可能会变得更加可怕，人类今后将不得不承担更大的损失。我认为，整个尼泊尔社会和我们都应该重视这点，让我们从多方面发起治理倡议，政府应该具体地提出国家和国际层面的倡议，寻求能够长期解决问题的方案。

其次，尼泊尔多山，南部则为平原地带。我们都清楚，特莱平原和山区的山体滑坡和洪水造成的损失存在差异，却又是相互关联的。丘陵地区的损失可能会直接影响特莱平原，反之亦然。当前我们至少在关注保护楚尔山脉，这是个很好的趋势。特莱平原公路沿线的众多桥梁都面临沉陷、倒塌的风险。最近，位于巴迪巴斯（Bardibas）的拉图河上的桥梁已经下沉，还有更多的桥梁濒临倒塌，这些现象的形成除了其他的技术原因外，还与沙石采集活动直接相关。

同样，楚里亚低山丘陵地区也正在遭到破坏，丘陵逐渐荒漠化，直接影响到了特莱平原。因此，第二点就是我们必须进行地质研究，以应对尼泊尔地貌造成的自然灾害。此前，政府对丘陵地区和特莱地区人员越来越稀少的村庄和住所进行了初步的地理研究，并得出了一些结论，然而这些报告都被束之高阁。

为了将人们从这些危险地区转移到更安全的地方，并使这些地方更加适宜人们生存。昨天，我们请一些地质学家对孙科西河滑坡的山体进行了研究。一些专家表示，滑坡区附近已经出现了较大裂缝，而且危险性与日俱增，故而这不是一次简单的山体滑坡。特里布文大学的一个团队已经对滑坡灾害发生的地方做了标记，但是政府在研究、调查、讨论和制定计划划分风险区并将人们从危险地区转移到相对安全地带方面，却表现得相当疏忽。我们看到，政府几乎束手无策、毫无计划，像个旁观者一样。只有在事故发生后，人们才会发现政府的存在。因此，我想强调的是，尼泊尔应根据喜马拉雅山、丘陵和特莱平原的地貌特征，重新审视过去的地质研究。如果国内缺少相关专家，我们应请求邻国和联合国组织等国际社会提供技术支持，帮助我们对尼泊尔进行地质研究。我们有必要对特莱、丘陵和喜马拉雅山的可能区域进行具体划定识别，以便将人们从危险区域转移出来。如果我们不这样做，大自然也会成为对我们的诅咒，因为我们从历史中看到了类似事物的两面性。如果我们不认真研究和关注气候变化、全球变暖和积雪融化是如何发生的，那么这样的事件就会不断发生，人们将不得不承担由此带来的损失，而我们只能对损失表示深深的悲痛。最有成效的举措莫过于制定长远规划，预防和控制此类事件的发生，而非在事后让直升机飞过遇难者头顶，而后让政府领导们纷纷发表感言，向死者表示哀悼。

　　因此，我想特别请求国家，尤其是当局政府，迅速启动地理研究，审查过去的相关报告，并通过国家和国际倡议加强预防措施。气候变化所带来的挑战不仅是针对三千万尼泊尔人民的，也是针对全人类的。如今，国际论坛和联合国论坛都在讨论这个问题，然而我们经常只是简单地提出尼泊尔国民位于喜马拉雅山脉脚下这一问题，当前的这种努力是远远不够的。我敦促政府代表在国家和国际论坛上将这一问题作为首要和严重关切的问题提出。

　　我想提出的第二点是，要求政府重视开展调查研究，管理预算，并为下一代的安全做好必要的技术准备。如果我们现在不认真对待这个问题，继续沿袭临时抱佛脚的传统，那么未来的日子将更加可怕，而我们却什么也救不了。就人员和物质损失而言，这场自然灾害的强度从辛杜帕尔乔克（Sindhupalchowk）开始，蔓延到当县（Dang）、苏尔凯特（Surkhet）、巴尔迪亚（Bardiya）、班克（Banke）、凯拉利（Kailali）、马霍塔里（Mahottari）、达努萨（Dhanusha）、莫郎（Morang）、锡拉哈（Siraha）、拉利特普尔（Lalitpur）、鲁孔（Rukum）、罗尔帕（Rolpa）、贾加科特（Jajarkot）、辛杜里（Sindhuli）、达德尔杜拉（Dadeldhura）、劳塔哈特（Rautahat）等其他地区，造成了无法弥补的损失。到目前为止，我还没有收到与这场自然灾害有关的详细数据，因为这需要很长时间，甚至政府也没有收到有关死亡、失踪和流离失所的人数以及土地损失总面积的实际数据。我想提醒各位注意，政府需要注意在一定期限内适当收集相关数据。

我想提及的第三点与可怕的孙科西河山体滑坡有关。这次滑坡形成了一个巨大的堰塞湖，并影响到在坝湖岸线定居的数千人。在这场灾难中，约有一百五十人丧生，数百人流离失所，其中有一个家庭，十三口人只剩一人幸存。晚上 11 点左右，一家人正沉浸在双胞胎降生的喜悦中，半夜的山体滑坡却卷走了整个家庭及其短暂的幸福。

在苏尔凯特，有许多人死亡或流离失所，但只有数百人死亡和失踪的消息从巴尔迪亚、凯拉利、当县以及其他地区传来。成千上万的人流离失所，数百万人无家可归。他们没有可以遮风挡雨的房屋，没有可以吃的粮食，也没有一块遮羞的布，只能流落街头或暂住在教学楼中。我们看到了一幅令人痛心的画面：妇女们站在自家的房顶，怀抱着无辜的婴儿，却没有食物、饮用水和衣服。政府在各个遭受山体滑坡和洪水的灾区所进行的救援过程、救灾分配、灾后恢复似乎都不够及时、充分和慷慨，人们并未获得有效救济。

遥想当初，我们宣布尼泊尔为共和制国家，并在我们党派的领导下组建了政府。政府刚成立后不久，科西河大坝就爆发了决堤，冲毁了许多村庄。我们在政府组建之初就考虑到了科西河大坝溃堤的危险，立刻宣布全国进入紧急状态，并以此为由在国内外筹集到了数十亿卢比的资金，开始重建。如今当我们站在议会台前分析全国的人员及物质损失数据时，发现这些数据比当初科西河大坝决堤造成的损失还要高，数千亩土地被冲走，成千上万的牲畜死亡。如果我们进一步分析这些损失的数据和性质类别，就会发现，它们是科西河大坝决堤造成的损失的若干倍。在这种大灾难面前，政府却还认为灾难不会持续，水位会逐渐下降并会很快恢复到之前的正常状况。我想以反对党领袖的身份在议会正式提出，无论是从长期、短期还是近期的角度看，目前的事件都不简单，因此，我想提出一项建议，即宣布国家进入紧急状态，动员国内和国际力量来共同解决问题。这个问题不是一个内政部或地方发展部或任何其他部门能够解决的，面对如此严重的大规模的国家灾难，应该在总理之下或总理一级成立一个专门机构，该机构在必要时可以调动国内和国际的手段、资源和技术经验。如果我们不通过宣布国家紧急状态来解决眼前的问题，那么在未来的日子里，灾难、损失和痛苦将不减反增。

我们知道，成千上万的动物已经死亡，那种恶臭正在四处蔓延，还有数百人正流离失所。在未来的日子里，这场灾难的影响可能会更加可怕。在特莱平原、丘陵地区和喜马拉雅山地区，大规模流行病传播的可能性正在增加。在实地考察时，我在孙科西受山体滑坡影响的地区发现了玉米苗和燕麦芽，但人们的粮食已被山体滑坡冲走或覆盖。

苏尔凯特、巴尔迪亚、劳塔哈特、马霍塔里、锡拉哈和其他地区的情况也是如此。因此，政府不应把这次事件仅仅看作是洪水或山体滑坡来了又去，只造成一点破坏，需要政府向灾民提供救济和救援。我们应该把这次灾难理解为尼泊尔正在面临的一场国家危机。如果我们不能为此制定必要的政策、计划和方案，未来几年可能会发生更多可怕的事件，而且情况可能还会超出控制，我们将无力应对。因此，我提出的第三点是让政府宣布国家紧急状态，并制定短期和长期计划，动员国内和国际力量。我要详述第三点尤为重要，因为从直接损失和损失的类别来看，政府的注意力应该集中在直接受灾群众的身上。政府、政党和政治领袖的注意力应该集中在其中两到三个核心问题上，让那些失去房屋的人们立即得到安排的住所。现在，提吉节[2]、德赛节、灯节和太阳节等一系列尼泊尔节日接踵而至，但在这些节日到来之前，成千上万的人已经无家可归、食不果腹，陷入极度无助的境地。请让我们立即为灾民安排食物和至少三个月的住所，让他们在工商部、地方部门或其他机构提供的安全建筑中找到庇护所，并准备至少三至四个月的食品、药品、衣物和其他必需品。大多数灾民在暴雨过后都失去了房屋、土地，甚至没有可以返回的地方。

我们面临的挑战是如何管理灾后恢复工作。如果我们现在不立即采取行动，灾情就会使受灾地区

2 译者注：即女人节，是印度教的传统节日，为期三天，在节日最后一天，当地女性要在她们认为的圣河中洗浴净身，已婚妇女为丈夫健康祈祷，未婚女子则祈祷能找一个如意郎君。

变得更加脆弱，之后的恢复也会成为一个长期的问题。这也与我在会中提出的三点有关。我们如何在国内和国际上集中手段和资源？这取决于我们如何调动人力资源。我们必须从近期和长期计划的角度出发，如何安排药物治疗同样十分重要。政府应直接开展工作，防止即将到来的大流行病的蔓延。在一些地方，我发现政府的工作不仅缓慢，而且效率十分低下，即使是小事也要花很长时间才能做出决定。我们看到，政府在政策和行政层面上，或者在发生自然灾害的情况下，都很难做出决策，并且总是关注一些毫无意义的问题。对政府来说，应该立即安排基本设施，从住所、食品、药品到其他设施的重建都需要进行。政府必须组建一个在总理领导下的总理级机构来积极行动，以应对挑战。

我还想提请政府注意，我经过深思熟虑，代表反对党提出了一些基于政策的问题和需要立即开展的活动。我希望政府能够集中精力解决这些问题，并制定近期、短期和长期计划。我也相信各政党和领导都会关注这些问题。现在，尼泊尔正在推进一项历史性的重要任务，即完成与和平和宪法有关的议题，政治层面已经达成了多项协议、承诺和共识，要将和平进程和制宪进程推进到底。我们反对党深感困惑的问题即这些共识、协议和谅解尚未得到积极而迅速的落实，但是，却形成了一种政治文化，即可以与任何人在任何地方就任何问题迅速达成一致却不付诸实践。我们在议会多次提到这一点，四点协议的达成速度非常快，但并没有以适当的速度付诸实施。经过多年的讨论，我们批准了有关真相与和解委员会（TRC）和被迫失踪人员调查委员会（CEDP）的法令，以最终完成和平进程，却连提出委员会可能的候选人名单都是一项艰巨的任务。我曾多次在会议上提出自己的观点，与各部门负责人代表也进行过观点沟通，不过，组建推荐委员会的问题仍未取得进展。为了不负民众的期望，我们必须用上一切方法来制定宪法。

不过，我们也要明确，如果和平进程不取得进展，制宪进程势必会受到阻碍。因此，议会和政治领导层应该考虑到实现和平和制定宪法是相互关联的。关于这点，我也想提请政府特别关注。

我们一再强调，在和平和制宪进程这一史无前例的实验中，我们已经取得了长足进展。在我们启动和平进程之前，国家正处于一种恐怖的局势之中，每天都有数十人身亡。在此关头，我们进行了一场伟大的实验，并带来了巨大的变革，使全世界都为之震惊。有些国家的人民和他们的领导者对此不以为然，他们理应即刻铭记这些正在实现的伟大成就，而那些不懂得正确评价、尊重和发起这些伟大变革的人却视若无睹。他们认为一切会像什么都没有发生过一样，尼泊尔的情况长此以往，将来也会一成不变地继续下去。在此我不想提及任何国家的名字。有人在国际论坛上与我讨论时就曾提到过这样一个国家，但我今天不愿在这个平台上提及该国的国名。在国际上，人们认为尼泊尔人总是容易被收买，也容易忘却，进而忽视自己及他人的工作。当然我曾听说其他国家的人也存在类似的情况。总之，我们正在努力将这一历史性的变革制度化，就像我们为了实现和平进程和完成宪法制定所做的那样。因此我们必须认识到我们正在为之奋斗的是将一项历史性的工作制度化，而不是满足于现状。

我请求这个议会重申，只有为主要利益相关者提供适当的角色和环境，建设和平和宪法的进程才能结束，这点极为重要，需要大家都明白。如果我们不能为重要的利益相关者、政治领导层提供一个合适的环境，却只想消灭彼此，以缔结这一变革与和平协议（这个协议是这一历史进程、与和平和宪法有关的各种活动、人民战争（Peoples' War）、马德西运动、贾纳贾蒂运动、达利特运动、妇女运动和穆斯林运动），那将对这个国家百害无而一益。

我们都知晓，邻国印度的总理前几天在议会发表了他的看法。他真诚地赞赏尼泊尔的和平进程、联邦民主共和国制宪的历史意义以及我们所发挥的作用，得到我们的称赞。但问题来了，我们在多大程度上内化了自己？我们在多大程度上准备好为了事业而彼此互相尊重？我们准备好互相尊重了吗？对于这些问题，我的答案是，我们都没有实现。通过贬低、侮辱和打击他人来获得快乐的风气一直在我们内部盛行，这种风气对尼泊尔社会和国家来说是极为可怕的。因此，我想提请大家关注这个问题以及政府的一些活动。为何政府变得自负，仓促做出许多行政决策？政府仓促地在诸多行政单位中设立大都市、副大都市和城市，并做出与土地改革有关的决定，仅仅注重眼前利益，而不是注重解决国家问题或开展解决问题的进程。我们谈到了建立联邦民主共和国宪法，也谈到了要制定一个宏大的可持续发展的宪制，首要任务就是先制定这个宪法。

政府应该立即调整各部委的行政机制，调动很少的员工，在较低级别建立很少的结构，创造一个有利于自己的环境，而不是将注意力集中在首要问题上，将所有力量／权力聚集在一起发起这些首要问题，这对国家没有好处，也不会带来任何福祉。这种迹象表明，我们并不重视联邦民主共和国的建立进程，也没有从某个地方获得我们自己有限的政治利益，人们已经意识到，我们需要把注意力集中在国家利益上。我还想提请议会注意到这个问题：我们的注意力应该集中于哪里？全世界都在关注我们的和平进程和其他活动。我们如何做到这一点？我们如何制定一个联邦民主共和国的宪法？

我们将编写一部宪法，这部宪法团结了所有期待尼泊尔变革的阶级、社区、种族以及阶层的思想感情。制定宪法不同于撰写经文、古兰经或薄伽梵歌。宪法就像一个生命体，要定期进行删改、修订条款。尼泊尔现行宪法的制定依据是人民对从《十二点协议》开始的长达十九天的人民运动过程的感受，或者是《全面和平协议》的精神和根本实质，或者是临时宪法的问题和四点协议。如果偏离了这一出发点，即使有了宪法草案，也毫无用处。我们更期待的宪法是尼泊尔人民可以拥有自己所有权的宪法。这是一部以临时宪法、和平协议包括所有协议共识和谅解在内的《十二点协议》为基础的渐进式宪法。宪法可以在此基础上制定。因此，我敦促政府立即做出决定，动员国内和国际力量，应对宣布基本进入国家灾难或国家危机状态的挑战。让政府立即采取具体行动，制定短期和长期的计划。让他们到人民群众中去，体察人民的痛苦和创伤，确认救援行动是否取得成果。请转交我的建议，在政府宣布国家进入危机状态并拿出具体计划和方案来治愈洪水和滑坡受灾地区人民的创伤之前，暂且停止议会的议程，我想停止我的计划。

02

在亚洲政党国际会议（ICAPP）尼泊尔民主转型特别研讨会上的讲话

[发表于 2016 年 2 月 15 日，普拉昌达阁下时任尼泊尔联合共产党（毛主义）主席]

主席先生，

女士们，先生们：

我非常高兴参加这次重要会议。我衷心感谢亚洲政党国际会议邀请我就尼泊尔的民主转型发表看法。

尼泊尔的民主转型，这一主题令我着迷，因为我们是这场目前正在经历的伟大转变的鲜活见证者。我们正在经历的转型是尼泊尔历史上最重要、最关键的政治现象，它给尼泊尔政治史带来了划时代的转变。《全面和平协议》和包容性民主是尼泊尔民主转型的根本。

在世界上的任何地方，这种转型的过程都是痛苦的，因为它标志着从旧的国家体制向新的国家体制的转变。人们在面临转型时往往犹豫不决，因为转型并不能保证一定会带来更好的变化和更光明的未来，这正是人们往往倾向于维持现状的原因。我们是前瞻者、进步者和变革者，我们必须接受变革，并通过转型追求变革，因为隧道的尽头总有曙光。这种转型虽然是痛苦的，但它类似于黑暗中迎来新光明的过程。有人说，在每一次过渡之前都会出现光亮，或者说，在这个阶段，无论是通过门缝还是灵光一闪，人们都可以在隧道的尽头看到光亮。因此，这种现象预示着新的开始、新的希望和更好的前景。从表面上看，转型似乎简单明了，因为它指的是从一种状态到另一种状态。但就尼泊尔的政治转型而言，其轨迹是复杂的。如果我们回顾一下跌宕起伏的历史，就会发现，尼泊尔从一开始就处于持续的转型之中，而且我们现在仍然处于转型之中。

现在，我们正处于历史上最重要的转型期，踏上了新的征程，这是一个从绝望到希望的征程。我相信，我们正在经历的将是最后一次政治转型，它预示着一个和平、稳定和繁荣的新时代的到来。

在这一过程中，我们在尼泊尔政治史上确立了若干基准，这些基准为我们成功转型为一个政治上包容、经济上繁荣、社会上公平的民主国家奠定了基础。我们成功与否的评判标准是，我们是否有能力管理好这一转型并让所有人都感到满意。时代潮流与历史大势从不等人，像我们这样的人必须与时俱进，顺应时势。尼泊尔在过去经历了多次转型，每一次转型都带来了新的变化。在我们目前正在进行的最后一次转型中，我们得以拥有一部由人民代表制定的新宪法。我们废除了封建君主制，建立了共和制。我们现在已经建立了联邦制，尽管这种制度还有待实施，但我们已经摆脱了旧的单一治理制度。尼泊尔现在是一个政教分离的国家，是一个具有包容性的民主国家，保障包括所有被压迫、被边缘化、被剥削和被排挤群体的参与权和代表权。我们必须继续努力以取得更多成就，这些成就无疑是革命性的、进步的和历史性的。我们必须将这些成就制度化，让人民充分享受这些成果。只有这样，我们才能踏上新的征程，取得更大的成就。

这些成就都是我们在人民和各个政党的共同奋

斗下取得的，要将这些成就制度化并付诸实施，还需要我们更加团结努力。因此，我们的征程不会就此结束，我们将继续前进，进一步增强人民的权利，使人民真正成为自己命运的主人。我们正在经历漫长而痛苦的政治转型阶段，我们必然会面临诸多的困难和挑战。

我无法宣称我有办法来解决我们目前正在经受的所有困难，但我至少可以肯定地告诉大家，希望、热情和坚定的意志是实现转型和繁荣的必备条件。作为政治家，我们必须激发这种希望和热情。我可以保证，我们有这样做的意愿、决心和责任，我也将尽我所能，通过更好的转型，为国家和人民带来更光明和更安全的未来。

谢谢大家！

03

在"超越三边对话的跨喜马拉雅合作"研讨会上的讲话

[发表于2016年11月9日，普拉昌达阁下时任尼泊尔

总理和尼泊尔共产党(毛主义中心)主席]

尊敬的主席先生，

各位专家学者，

女士们，先生们：

我很荣幸能够参加本次研讨会并向来自不同国家的学者和领导人发表演讲。我要感谢主办方的盛情邀请和精心安排。

我相信，本次会议对于跨喜马拉雅地区合作的现状及问题的相关讨论，将会提出许多宝贵的意见

和可行的政策建议。

当今世界的全球化程度是前所未有的，国家边界正在从壁垒变成桥梁，国际社会之间的距离越来越近，贸易市场间的相互依存更加明显，各国之间的经济贸易往来更加紧密。

这种日益增强的相互依存性要求我们在合作途径和协作方式上进行新的探索，而跨喜马拉雅合作可以成为其中之一。

无论从理论还是实际上讲，跨喜马拉雅地区合作并不是一种全新事物，这种合作植根于我们几个世纪以来共有的历史，包括相互合作、商业贸易以及民间交往。

从公元 1 年到公元 1820 年，世界上最大的经济体是跨喜马拉雅山脉的国家，即中国和印度。它们是经济活动以及创新和发明的中心。

在这两个国家的贸易之间，尼泊尔曾经是一条重要通道。它是连接南北之间的一个充满活力的枢纽，一个连接南北市场的转口。

我们的历史是合作的历史，合作为繁荣提供了动力，合作亦使我们这个地区在全球享有盛誉。

人员、货物和思想不受阻碍地跨境流动，不仅使我们的城市变得丰富多彩，也提高了民众的智慧与创造力，这些极大地促进了地区的繁荣与发展。

加德满都谷地的建筑丰富多彩，无数广场、宫殿和寺庙纵横交错，成为不朽的建筑财富，亦见证了尼泊尔历史上这一重要阶段，不断提醒着我们跨境贸易所能释放出的潜力。

贸易和商业的发展带来了文明连接的不断扩大，宗教和文化的蓬勃发展也跨越了国界限制。中国人对佛教典籍、手工艺品和法典的追求，使尼泊尔成为跨喜马拉雅地区的重要交流渠道。

同样，考底利耶《政事论》中记载的印度恒河平原对尼泊尔商品的需求是将我们联系在一起的另一个纽带。佛陀跋陀罗、法显和玄奘等著名学者的跨喜马拉雅之行表明，千百年以来跨喜马拉雅地区的民族和文化之间存在着紧密的联系。

我们的历史是一部文明、文化和商业交往的历史。

最终，我们必须复苏这段历史，重塑辉煌，故而我们可以开始探索在跨喜马拉雅地区互利合作的可能和前景。

女士们，先生们！

今天，中国和印度经济的高速增长和发展令人印象深刻，它们正在成为全球经济强国，两国对社会经济发展的追求正在结出丰硕成果。

我们珍视两个邻国的非凡表现，邻国的成功经历对尼泊尔来说既是激励也是机遇。

我们可以在这些成就的基础上进一步为本国的发展提供动力。

在此背景下，我们需要探索新的合作机遇，而跨喜马拉雅合作可以成为这样一个平台，从而使我们的合作效果倍增。

今天，我们面临着许多跨国问题，包括贫困、失业、气候变化和恐怖主义。为了解决这些问题，我们需要共同努力。

我相信，本着友好、热情和共同繁荣的精神，我们能够实现这一合作使命。

我在第一次担任尼泊尔总理时，就提出了尼泊尔、中国和印度三边合作的概念，这种跨喜马拉雅合作的唯一目的就是开展对三方都有利的合作发展项目。

这种三边合作的前景得到了三国领导人的积极响应。几周前在印度果阿邦，我有机会在非正式场合与莫迪总理和习近平主席举行会面，并重申了三边合作的必要性。

不仅仅是对三边合作的讨论具有重要意义，建立更广泛的跨喜马拉雅合作亦有着积极前景。这种合作对于包括南盟（SAARC）、环孟加拉湾多领域经济技术合作倡议（BIMSTEC）、上海合作组织和其他双边机制在内的现有合作机制而言，是补充而非替代。

这种合作将把本地区的各个国家都囊括进来，而这些国家都与喜马拉雅山有着千丝万缕的联系。除中国、尼泊尔、印度外，其他南亚和周边地区国家都可以在跨喜马拉雅合作平台上开展合作。

这种合作可以将南亚与中亚连接起来，亦将会为市场拓展、就业增加和贸易增长带来大量机会。

喜马拉雅山脉将不再被视为壁垒与障碍。相反，其可以成为连接亚洲大陆两个新兴地区的重要桥梁。

最重要的是，互联互通是跨喜马拉雅合作的核心。鉴于技术创新的空前发展，跨越喜马拉雅的公路和铁路不再局限于理论，这些基础设施建设可以在几十年内成为现实。同时，跨越喜马拉雅的基础设施将为经济繁荣带来前所未有的机遇。

在更广泛的跨喜马拉雅合作框架内,尼泊尔可以成为重要的过境通道。为了实现(实际上是恢复)尼泊尔的这一作用,我们需要对基础设施进行投资,包括修建多车道高速公路和铁路,从而将南北方的巨大经济体连接起来。

建设这些基础设施需要注入大量资金,故而跨喜马拉雅地区的国家,尤其是印度和中国,可以共同合作投资此类基础设施建设项目。

莫迪总理访问尼泊尔时,简明扼要地将基础设施需求概括为 HIT,即高速公路(Highways)、信息公路(Information-ways)和过境公路(Trans-ways)。这正是我们可以合作并最终获得共同利益的地方。

印度一直奉行"邻国优先"政策,而中国也逐渐重视睦邻政策与周边外交。

同样,保持与周边国家的和谐关系仍然是我们的首要任务。这种方法上的共性对我们来说是一个巨大的机遇。

习近平主席提出了构建"命运共同体"的愿景。中国的"一带一路"倡议和丝路基金可以成为投资跨喜马拉雅基础设施的有益框架。

同样，金砖国家银行（新开发银行）也可以成为此类基础设施建设的另一个资金来源。

女士们，先生们！

在作为一个主权独立国家的漫长历史中，尼泊尔的外交政策始终是"与所有国家友好，不与任何国家为敌"。

友谊、信任和相互理解是我国外交政策的基石，我们相信能够建立利益共享的伙伴关系。正是本着这种精神，我们积极推进与尼泊尔的南北互联互通，因为尼泊尔是中印两个大国之间天然的商业通道。

更广泛的跨喜马拉雅合作必须通过多层次的互动将重点放在经济发展上。我们可以建立跨境输电线路网络，我们还应投入精力去开发我们所拥有的丰富资源。

跨喜马拉雅合作应优先在各方互补的领域进行探索，我们应在技术转让、信息技术、工业创新、数字经济和农业等领域建立无缝合作。

在跨喜马拉雅合作框架下，我们可以开展能源合作，建设多线高速公路网，并连接我们的金融市场。

我们需要在教育机构之间建立联系，扩大旅游业的规模，增加商务代表交流，加强人与人之间的合作。

我们需要把我们的地区打造成一个增长中心，我们需要把这些点连接起来以构建我们共同的发展路径。

在旅游领域，我们需要将冈底斯山（Kailash）、玛旁雍措湖（Mansarovar）、帕舒帕提纳特（Pashupatinath）、蓝毗尼（Lumbini）和贝纳勒斯（Benaras）连接起来。想到跨喜马拉雅合作可以为我们所有人带来的巨大潜力时，我的脑海中会浮现出这样的愿景。

我们可以在制药、农产品、食品加工、矿产、纺织品和化肥等领域开展合作。我们可以合作促进生态旅游以及文化遗产、精神文化旅游。

我们还必须注重对环境敏感的合作，但在加强合作的同时，必须将环境和生态系统纳入考量范围之内。

我们必须加强第一轨道和第二轨道的努力，以探索跨喜马拉雅合作的可行性。

我们必须营造信任和自信的氛围，以使跨喜马拉雅地区合作能够成为现实。

我希望本次研讨会能成功探讨跨喜马拉雅合作

的多个层面。我相信，本次研讨会将有助于政界和学界更加关注和理解加强跨喜马拉雅地区合作对尼泊尔及其邻国的重要性。

预祝大会圆满成功！

04

在全球雪豹和生态系统保护计划（GSLEP）第二次指导委员会会议上的讲话

[发表于2017年1月20日，普拉昌达阁下时任尼泊尔总理和尼泊尔共产党(毛主义中心)主席]

尊敬的本次会议主席，

林业部部长尚卡尔·班达里（Shankar Bhandari）先生，

尊敬的各位部长，

尊敬的各位代表和与会者，

各位媒体朋友，女士们，先生们：

我很荣幸能与来自世界雪豹分布国的杰出人士

们在此相聚，热烈欢迎你们来到加德满都。我相信此次重要会议将能够评估雪豹目前的保护状况，并制定新的行动计划来保护这一美丽的自然生物。

保护生物多样性以维护地球的未来，是全球的责任，我们正在通过各种与环境有关的多边协议与国际社会携手进行保护。《生物多样性公约》（CBD）和《濒危野生动植物种国际贸易公约》（CITES）对于受保护的野生动物尤为重要。为了履行我们的国际承诺，尼泊尔已制定了《2014 年至 2020 年国家生物多样性战略和行动计划》。随着行动计划的实施以及国家气候变化政策的实施，我们正在努力实现《生物多样性公约》会议的《爱知生物多样性目标》和与生物多样性相关的《可持续发展目标》（SDGs）。

今天，我们发布了《尼泊尔雪豹保护行动计划》（Snow Leopard Conservation Action Plan of Nepal）。雪豹是尼泊尔首要保护的物种之一，它们极具魅力、难以捉摸且濒临灭绝。尼泊尔的雪豹栖息地融合了迷人的自然美景和文化多样性。雪豹的分布区域涵盖了世界上一些最佳的旅游目的地，拥有令人难以置信的徒步旅行路线和登山的热门景点。

然而不幸的是，这些地区经济贫弱，同时还容易受到自然灾害的侵袭。我不禁回想起 2015 年 4 月那场灾难性的地震，那次地震对雪豹的主要栖息地造成了相当严重的影响。数以千计的人和动物丧生，地表滑坡破裂，道路被堵住，水源被污染和改变，幸存的人们失去了他们赖以生活的家园和生存来源。

这就是我们地区山区生态系统的残酷现实。尽管面临挑战，但是，我们现在正在积极参与重建进程。在此过程中，我们小心翼翼地确保重建工作采取对自然友好的方法。在雪豹栖息地周边开展基于自然的旅游开发和经济发展活动时，我们应当考虑该地区的生态完整性。这一特定区域提供了各种生态系统服务，这是高山上的人类和其他植物与动物生存的基础。

各位阁下，女士们，先生们！

众所周知，中亚和南亚的山脉被誉为地球的第三极，这里蕴藏了大量的淡水资源，供养了下游的数百万人口。而雪豹可以说是这些水源的守护者，它们是健康的山地生态系统的标志。我们无法想象没有雪豹的中亚和南亚山脉会是怎样一番光景。因此，保护雪豹及其生态系统，不该仅仅只是这十二个国家和少数组织的责任，而是每一个需要清洁的空气和干净淡水的人的责任。我相信，在第二次GSLEP指导委员会会议期间所进行的讨论，将对保护山地生态系统的生态完整性产生重要意义，同时为那些生活在该区域的居民提供可持续的生计选择。

我相信，该地区所有国家面临的共同挑战包括：栖息地的丧失，人类与野生动物的冲突，偷猎和非法贸易以及气候变化。这些都是保护雪豹领域面临的一些挑战。在世界上只剩下几千只雪豹的情况下，我们面临着挑战和责任，那就是恢复、维持并进一步增加这些美丽动物的数量。这需要在山地生态系统、生物多样性和当地人民的福祉之间保持良好的平衡。

为此，我们需要强有力和持续的政治承诺和财政资源，而你们今天的出席已经展示了这一承诺。我们还应当找到为相关保护活动提供持续资金来源的方法。我很高兴雪豹分布范围内的国家正在制定雪豹景观管理计划，这将有可能为山区投资创造新的机会，在维护生态完整性的同时，又能促进当地经济发展。我们要创造高山地区保护和发展双赢的局面，尼泊尔完全致力于与大家一道，共同保护我们地区的雪豹。

女士们，先生们！

我们所有人必须携手合作，为今年晚些时候将在吉尔吉斯斯坦举行的"全球雪豹峰会"（Global Snow Leopard Summit）铺路。我支持吉尔吉斯斯坦总统为保护雪豹而提出的伟大倡议，并保证尼泊尔将全力支持这一努力。

尼泊尔也致力于在保护领域建立持续的领导力，并通过支持在高海拔生物多样性和景观管理上的研究来培养一批年轻科学家。未来掌握在年轻一代手中。因此，我呼吁所有雪豹分布范围内的国家鼓励并吸引我们的青年参与到雪豹及其栖息地的保护和管理当中。

最后，女士们，先生们，我衷心祝愿本次会议取得圆满成功，并祝各位部长和与会代表在加德满过得愉快！

感谢大家！

05

尼泊尔 - 中国关系：发展与
繁荣前景

[2017年3月26日时任尼泊尔总理和尼泊尔共产党(毛主义中心)主席普拉昌达阁下在中国北京外国语大学发表的演讲]

校长彭龙先生，

各位教授，学者，院士，

亲爱的同学们，

女士们，先生们：

我很荣幸能在这里向各位学者、青年学生和尼泊尔的朋友们致辞。感谢彭龙校长的盛情邀请。

这所大学有着辉煌的历史和传统，它的根深深植根于新中国的曙光之中。

自1941年建校以来，这所大学一直是语言研究、国际事务和国别研究领域的先驱。能够来到这所被誉为"外交官摇篮"的学府，我深感荣幸。

今天，我们为这所大学的尼泊尔研究中心揭牌。我相信，在这所大学"语通中外，道济天下"的使命中，尼泊尔研究中心的成立是又一个了不起的里程碑。

女士们，先生们！

我们两国的和谐关系源远流长，这种关系可以追溯到古代，植根于我们共同的历史。我们因地理、文明、贸易和民间交流而联系在一起。

佛陀教诲的影响在我们两国的文化价值观中显而易见。这种相似性贯穿历史，可以横跨喜马拉雅山脉。

公元5世纪初，尼泊尔僧侣和学者佛陀跋陀罗到访中国。7世纪上半叶，尼泊尔尺尊公主嫁给了吐蕃赞普松赞干布。13世纪下半叶，阿尼哥（Arniko）访问中国，并在艺术和考古方面做出了贡献。

同样，法显和尚和玄奘法师等中国僧侣和学者早期对尼泊尔的访问也深深地镌刻在我们的历史中。

在丰富传统的基础上，我们富有远见的领导人为永恒的友谊和友好的邻里关系奠定了基础。

随着时间的推移，我们两国见证了彼此的一些变化。中国的经济奇迹令人瞩目，同样，尼泊尔也经历了巨大的变化。我们跨越了许多政治里程碑。

但无论政治如何变化，我们的关系始终没有动摇。这代表了我们关系的永恒，也是我们关系的独特之处。

无论尼泊尔政府由谁领导，我们与中国政府、中国人民的友谊都是牢固而坚定的。这是两国关系不变的特点。

无论全球环境如何变化，尼中关系都持续着和平共处关系。

我们的关系在和平共处五项原则（潘查希拉，Panchasheel）的基础上得到了巩固。主权平等、互不干涉内政和相互尊重的原则，指导着我们牢固的友谊。

尼泊尔坚持一个中国政策。我们承诺不允许在我们的领土上进行针对中国的敌对活动。

我们在双边、地区和全球等多个领域和层面开展合作。

中国一直是我们可靠和值得信赖的发展伙伴。我们的伙伴关系超越了经济和社会领域。2015 年地震发生后，中国政府和中国人民立即自发提供援助，赢得了尼泊尔人民的心。

中国对尼泊尔灾后重建的慷慨承诺，见证了我们的友好情谊。

我感谢中国政府和中国人民的慷慨援助与支持。

亲爱的朋友们！

中国领导人的远见卓识和中国人民的勤奋努力使中国成为世界经济强国。这提升了中国在全球事务中的地位。

中国的成功故事一直鼓舞着发展中国家。中国的经济增长表现是全球经济增长的主要动力。

中国在各个领域都取得了令人难以置信的进步，而我们作为一个经济最不发达的国家，遭遇了一些瓶颈。为了消除这些障碍，我们从巩固政治进步开始，现在重点发展经济。

我国拥有丰富的人力资源和自然资源，发展潜力巨大。

在尼泊尔，我们共同致力于释放我们的潜力。

中国对尼泊尔发展事业的支持和善意是非常突

出的。

中国在基础设施建设领域提供的慷慨援助，对我们追求繁荣起到了重要作用。

连接我们的不仅是地理，还有市场。

连接我们的不仅是历史，还有命运。

连接我们的不仅是过去，还有未来繁荣的前景。

亲爱的朋友们！

在实现共同繁荣的前景方面，我们已经有了一个开端，我们的伙伴关系可以改变尼泊尔的经济格局。

中国的"一带一路"倡议为我们的合作与伙伴关系提供了巨大机遇，我要感谢习近平主席提出这一倡议。

回顾过去，你们中的一些人可能知道，尼泊尔曾经是古丝绸之路的重要通道。它是一个充满活力的贸易转口，连接着中亚部分地区和南亚。

这并不奇怪，因为在那个历史时期，亚洲是全球经济和贸易的先驱，它是创新的中心，繁荣的国度。

我们可以在这一历史传统的基础上再接再厉，创造一个现代的成功故事、互联互通的成功故事、发展的成功故事、交往的成功故事以及共同繁荣的成功故事。

尼泊尔已于 2014 年签署了关于"一带一路"倡议的谅解备忘录[3]，我们正处于缔结扩大谅解备忘录的最后阶段。

尼泊尔和中国有多种合作途径，我们将继续致力于全面落实过去达成的协议与谅解。

我们对于亚洲基础设施银行的参与就是一个很好的例子，同样，自去年以来，尼泊尔已成为上海合作组织的对话伙伴。

最重要的是，我们的双边接触和商业联系是促进发展和繁荣前景的主要平台。

最近，在本月 2 日和 3 日，我们结束了尼泊尔投资峰会。来自世界各地的投资者和商界人士出席了会议。所有的投资承诺，60% 以上来自中国投资者。

在外国直接投资的比例中，中国位居榜首。

中国游客赴尼泊尔旅游是两国关系的另一个重要方面。

中国游客对尼泊尔的经济增长起到了促进作用，更重要的是，这为我们的文化与人民之间架起了一

---

3 译者注：2014 年 12 月，中国和尼泊尔签署的《中华人民共和国商务部和尼泊尔政府财政部关于在中尼经贸联委会框架下共同推进"丝绸之路经济带"建设的谅解备忘录》。

座重要桥梁。

尼泊尔政府已经免除了中国游客的签证费用，以示友好。我们需要携起手来，向中国游客宣传尼泊尔的旅游潜力。中国游客的到来对尼泊尔旅游业有着重要影响。

我欢迎伟大的中国人民到释迦牟尼佛的诞生地和雪山之国——尼泊尔旅游观光。我们美丽的自然风光和丰富的文化内涵将让您心驰神往，流连忘返。

女士们，先生们！

去年我们签署了《过境运输协议》，该协议对尼泊尔由"陆锁国"向"陆联国"的转变至关重要，尽早缔结协议是我们的优先事项。

互联互通仍然是我们的首要任务，基础设施和思想的互联互通，市场和思想的互联互通，可以成为我们追求繁荣的真正推动力。

公路、铁路、航空和电网的连通可以释放共同繁荣的潜力。

我们需要尽早恢复塔托帕尼/樟木边境口岸，在我们的伙伴关系史上，这个口岸具有历史性意义，同样，在两国之间开放更多的边境口岸，可以加强我们的跨境互联互通建设。

同样，我们必须重视与扩大航空业的发展，在加德满都和中国主要城市之间开通更多航班和直飞航线，对两国都有好处。

尼泊尔拥有丰富的水资源，可用于创造绿色和可持续能源，为经济增长奠定坚实基础。

投资大型水电项目对尼泊尔和中国投资者都有好处。

能源安全是经济发展的关键，我们可以开展合作，通过投资太阳能、生物能源和其他替代能源，实现能源发展与结构的多样化。

同样，在城市基础设施、跨境输电线路、电信和信息通信技术方面，我们亦存在巨大的合作可能。

中国已成为铁路、农业、电子技术、计算机和智能技术领域的重要创新中心，中国的发展经验是一种无与伦比的财富，值得我们学习。

为了推动我们的发展，技术转让可以成为其中的关键。负担得起的、可靠的、具有变革性的技术转让。

女士们，先生们！

我们需要的是尼泊尔拥有朝气蓬勃、精力充沛的青年人口，他们充满活力、潜力与抱负，然而我们却未能在国内给予他们充分的展示空间。尼泊尔和中国在投资方面的合作有助于为他们创造就业机会并发挥他们的作用。

尼泊尔的地理位置为连接中国与南亚提供了一个独特的机会，如果成功利用这一优势，可以为中国、尼泊尔乃至整个地区带来丰硕成果。

它可以成为开展合作发展项目的重要框架，从而使该地区所有国家互惠互利。

亲爱的同学们！

正如我之前所说，你们就读的是中国的重点大学之一。这是一个很好的机会，也是你们的骄傲。

我在这里也看到了一些来自尼泊尔的面孔，还看到了一些学习尼泊尔语的中国学生。

我很高兴地告诉大家，中国已经成为尼泊尔学生最青睐的留学目的地之一。中国高校的严谨性有助于开发我们国家的人力资源，并最终帮助我们培养出强有力的劳动者，为国家的发展提供动力。

同样，在尼泊尔各机构和大学学习的中国学生人数也在不断增长。

我非常希望推动北京外国语大学与尼泊尔各大学之间加强合作，共同开展学术活动与学术交流。

我们两国学者之间的学术交流和互动，可以激发新的思考，也可以连接思想，只要思想相通，我们可以共同创造奇迹。

这令我相信，我们的未来掌握在青年的手中，他们的创造、创新和勤奋将成为我们成长和繁荣的动力。

正如人们所说，这个世纪是亚洲世纪。毫无疑问，中国在使这个世纪成为一个发展的世纪方面发挥了重要作用。

我们有责任，有集体的智慧，使亚洲世纪成为发展繁荣的世纪。

一个既繁荣又包容的世纪。

一个不是赢者通吃而是大家共赢的世纪。

女士们，先生们！

正如我之前所说，尼泊尔经历了历史性的政治变革。

现在，我们的首要任务是实现经济繁荣。我们希望在 2030 年达到中等收入水平。

我们希望中国能够继续支持我们的经济转型，我相信，一个繁荣的尼泊尔也符合我们朋友——中国的利益。

　　说到这里，请允许我感谢彭龙先生提供了这个平台，让我们得以就尼中关系交换意见，并分享我们关于推动发展与繁荣前景的想法。

　　谢谢大家！

06

政府激发了人们的自信心

[2017年5月24日，尼泊尔共产党(毛主义中心)主席普拉昌达阁下正式宣布辞去总理职务，本文是2017年6月普拉昌达阁下在议会发表的演讲]

尊敬的议长阁下：

首先，我要感谢各位议员参与讨论2017/2018财年政府的政策计划。在讨论和修改过程中，尊敬的议员们提出的问题及一些议员所提交的建议使政府的政策和计划更加以人为本、顺应民心，而且做到了责任到人。这激发了政府更多的创造性。

有的议员说政策和计划是临时的，讨论是临时的，政府是看守政府，政策和计划是临时计划。我想说的是，政策和计划不是临时性的，政策计划是正确的，是符合国家需要的，这次讨论也不是临时性的。我想说明，这次讨论就是为了审查政策计划以支持政府。如果我们有意识地根据国家的政治形势采取措施，我们就能集中所有政治力量。组建这个政府，就是为了正确应对摆在我们面前的挑战而采取的措施。这不是失去多数席位后的看守政府，也不是在不信任动议获得通过之后的看守政府，更不是尼泊尔人民提出抗议之后的看守政府。这是将国家现实内化的发端，目的是为国家指明方向和出路，希望建立新的规范、价值观和文化，并将所有政治力量集中到一处。

在传统政党和老一辈朋友眼中，我所采取的一些措施可能是不正确的，或者不符合议会的传统与流程，但我不习惯把政党和议会进程中的得失看得与尼泊尔的建设一样重要。

我们的政策计划具有历史性、制度性的质的变化。这项政策计划的目标是推进宪法中提到的问题，把反对变为信任。总理办公桌上摆放着依据传统惯例制定出的政策计划，篇幅为二十五至三十页，其中包含了所有部委的报告。

我拒绝接受这种传统而保守的政策计划。它不能解决国家的问题。我们必须让反对派相信我们。我被告知要将所有政党召集到一起，为第二阶段的选举营造信任的环境，并准备一份政治文件，这份文件需要阐明我们如何为发展提供动力并提供国家发展规划。我们将以传统的方式提交一份政策方案，其中包括所有部委的详细情况。一些议员对第二阶段选举表示怀疑，但我们已经进一步明确了这一点。

我想让大家清楚，第二阶段选举应该举行，我们也一定会举行，世界上没有任何力量可以阻碍第二阶段选举。我要感谢尊敬的普拉迪普·吉里（Pradeep Giri）议员，他对我做出了正确的评价。

我并不像其他党派那样专注于增加或减少一个项目。当国王在这里与已故的吉里贾·普拉萨德·柯伊拉腊（Girija Prasad Koirala）首相共同推动全面和平进程时，我曾说过："'延续中的断裂'是自然、社会和人类思维发展的规律"。我深受这句话影响，我想以这种方式为尼泊尔以及尼泊尔人民服务。如果我没有这样的想法，即使是在选举的第一阶段也会相当困难。如果我把关注点放在中央，宪法的实施就不会进行, 领导全国人民举行选举, 将马德西人、高山族群和喜马拉雅山联系起来的局面也不可能形成。我没有这样做, 因为这样做是不对的。如果我对政党在选举中可能出现的状况稍加注意, 选举实际上就不会举行。

普拉昌达现在也是这么想的。第一次制宪会议解散后, 我们发起了第二次议会选举的运动, 并在其发起时做出了决定。如果我们考虑过第二次制宪会议的结果, 那么举行制宪会议选举和起草宪法就不是一件容易的事了。如果我作为总理更多地关注本党的未来, 选举就不会举行, 这项政策计划也会以不同的方式出台, 而议会中的辩论亦会有所不同。

我的注意力集中在国家层面、推行宪法的实施以及根据历史的需要来建设历史。在这个议院中阐述我十个月来所做的工作并无必要。因为我相信, 历史和人民将会对我进行评价。十个月能做什么, 又有什么是做不到的? 我们在哪些领域创造了记录, 在哪些领域制定了标准? 下届政府应该让人们明白, 它必须关注我们在经济、电力/能源和善治方面所做的工作。我不认为有必要详细说明我去年在这个议院是如何回答大家提出的问题的。它们已经成为历史。政府不可能不关注这些问题。因此，在来年的政策计划中可以纳入新的问题，可以纳入人民新的需求和期望。政府必须解决的一些问题本可以纳入政府首脑在议会的发言，但由于我们正在进行第二阶段的选举，基于选举行为准则，我们无法将新的问题纳入这一政策和方案中。

反对党领导人对此提出了抗议和批评。我认为没有更多的空间让你们抗议了。其中一位议员在感谢政府的同时不断提出批评，如果你想感谢，就继续感谢政府，否则就继续批评，两者不能同时进行。反对党议员最应该感谢的是我，因为这项政策计划的出台考虑到了你们的感受。如果你们愿意称赞这项政策和计划考虑到了你们的感受和情绪，那么未来可能会更加容易推进我们之间的关系与进程。

而不管怎样都要继续坚持反对政府的行为，并不能证明你们真的想要改变什么，只能说明你们不了解议会政治之外的另一个世界。

我们的国家正处于转型时期的最后阶段。第二阶段选举以及省级和联邦级选举将确保转型时期的结束。当然，在完成三级选举投票后，你们可能会获胜。

几天前，我告诉反对党领导人，说他们应该感谢我，因为我为他们提供了赢得连接马德西、高山族群和喜马拉雅山的选举的机会。我并没有自暴自弃，因为我们的国家是在我们的共同努力下建立起来的，我们必须坚定不移地执行这项政策和计划，因为它已经指明了方向。

在我访问印度期间，我们坚定而自信地与印度总理进行了交谈。我们问他为什么停止修建邮政公路，并让他坦率地告诉我们印度是否无法修建或支持修建，我们告诉他不要在这个问题上左右为难。

邮政公路沿线 800 公里的建设工程正在加速推进，预算 34 亿美元的马哈卡里河水电和交通综合工程的建设工作已经开始。在访问中国期间，我告诉中国国家主席，我们希望履行过去达成的协议，也希望签署新的合同。我告诉他，我们希望尽快敲定"一带一路"合作。我们已经解决了这些，在新旧协议和达成共识方面，我们已经说明了观点。因此我确定，无论政策和计划在多大程度上变得抽象或具体，国家和经济都已经变得充满活力。

我没有将所有功劳都归于我。如果我们都相信前任政府确保了我们国家的发展，那么我没有任何反对意见，如果有人声称这是别人做的，我也没有任何怨言。他们可以把结束停电状态和进口电力的功劳揽于自身。

国家必须向前迈进，而功劳不是首要问题。我的注意力一直集中在国家的繁荣上。本财政年度重要的国家示范项目、重建和新建计划以及联邦优先计划已经简要介绍。事实上，我们的政策和计划已经试图将所有部门都纳入其中，但政策和计划最好是简明扼要、目标明确、行之有效的。议员们提出了政府能否在第二阶段选举中提交预算的问题，并询问本届看守政府能否提交预算。我已经说过，我们不是看守政府，政府的预算也不是临时预算。所有步骤都是经过深思熟虑、精心策划的，是经过战略性思考的。

宪法规定，根据尼历，每年第二个月的15日[4]需要提交财政年度预算。因此，宪法规定我们必须在固定日期提交预算。在讨论6月3日举行第二阶段选举时，还不能确定马德西党派和与其联盟有关的党派是否会参加选举。我本来想取得反对党的信

4　译者注：尼历每年第二个月的15日对应为公历即是下文中的6月3日。

任之后再做出决定，同时在部长会议上讨论第二阶段选举的问题，让他们参加选举。在部长会议之前，我在反对党领袖的住所与他会面，向他通报了政府的想法。选举必须分两个阶段进行，让以马德西为基础的政党和联盟以任何形式参与进来，而预算的提交可能会遇到一些困难。宪法规定，我们必须在每年的 6 月 3 日提交预算。我们是否必须修改宪法，在 7 月的第三周和第四周提交本财政年度的预算，或者我们是否必须获得资金，并在包括反对党在内的各政党之间达成共识？

在我提到这些问题后，反对党领导人采取了积极的态度。我们已经在部长会议上就第二阶段选举做出了决定。我听到有人声称，政府并没有试图信任反对党，我想驳斥这种说法，因为事实并非如此。从我担任总理的第一天起，我就一直在努力与激进派、持不同政见者和反对派举行会谈与对话，以赢得他们的信任。这种对话一直在继续。在全国人民党（Rastriya Janata Party Nepal）表示不满并煽动抗议，声称他们没有了解任何选举的信息后，我一直在努力争取包括反对党在内的所有政党的信任。

因此，说政府什么也没做是不符合实际的，我们不应停下，也不应该掩盖事实。我正在进行定期对话和这种持续对话，作为这种持续对话和合作的结果，我可以自豪地说，连反对党也愿意看到政府在我的领导下继续执政。如果我没有努力让他们相信，情况就不会如此。我一直在努力加快发展步伐，将改革制度化，让马德西、高山族群、喜马拉雅以及所有政党都对我充满信心。有人说我忽视了反对党，也没有试图取信于他们，这种说法是不正确的。

地方一级的第一阶段选举已经结束，6月13日第二阶段选举的所有准备工作也已就绪。事实上，在第二阶段选举的行为准则出台时，政府并没有让步将政府的政策和计划制定延伸。因此，政府才会考虑根据宪政制度和形势提出这一政策和方案。在政治环境不明朗、经济增长无望、震后重建迟缓、选举命运多舛的情况下，政府通过与各方的持续对话与合作，成功举行了第一阶段地方选举。国家在电力供应方面取得了历史性的成功，减少了那种长达十二个小时的停电现象。生产成本也降低了，所有无望的经济指标都得到了改善，预计二十年后将实现经济高速增长。难道所有这些工作都像某些议员说的那样，是政府以一种消极的心态完成的吗？

如果没有绝对自信和对人民与国家的忠诚，这一切可能吗？当然，我并不是说所有这些工作都是在没有过去工作基础的条件下完成的。如果我不集中精力与所有政党进行对话和讨论，不结束封锁和罢工的局面，不创造有利于发展的环境，这一切可能吗？

政府根据国家利益制定了平衡的外交政策，尽管可能会有人提出质疑，也可能有人会对此进行辩论。我是在尼贾德（Nijgadh）的快速通道举行落成典礼之后来到这里的，当时还有一些部长和我在一起。我本打算让反对党的著名领导人参与进来，因为这是我们的共同任务。我们做的工作可以在新的环境中完成。

让人们对发展和建设产生新的信心的环境并不容易建立。但如果我们对此缺乏信心，我们就会与美好的未来背道而驰。无论执政党还是反对党，我们一直在以不同于改革的方式提出问题。大地震发生后，我曾在议会中说过，虽然我们当时是反对党，但我不再是反对党了。我认为，如果我们在如此可怕的局势中继续扮演反对党的角色，那么这个国家就会面临迫在眉睫的政治危险。我当时说："我不再是反对党了。总理，你站起来，我支持你。"苏希尔·柯伊拉腊（Sushil Koirala）当时是总理。尼泊尔共产党，包括尼共（联合马列）（CPN-UML）在内，都在政府中占有重要地位。这就是理解政治、历史、变化和进步的方式。这也是我们了解的一种方式，是传统的方式，但我认为它与传统有些不同。在外交政策方面，我在长达十个月的任期内与邻国保持了平衡的外交关系，没有偏向或过分亲近任何一方。

这样的想法已经有几个月了，我与两个邻国建立了平衡的关系。我提出在三国间建立三边经济伙伴关系，以使尼泊尔人民从我们与邻国的关系中获得最大利益。我意识到，本届政府从根本上来说是成功的，而这也是众所周知的。外交关系是基于理性思考和国家利益的考量，而不是非理性的。只有将我们的国家利益内在化，它才能有一个科学的基础，而要实现它，我们就必须将领土战略的敏感性、国家历史和国家战略内在化。本着这种精神，尼泊尔的外交政策已经非常明确。你可以激动地反对或支持我们的任何一个邻国，但你必须明白如何平衡外交关系，要将尼泊尔的经济增长和人民的福祉放在首位。我们别无选择，本届政府也已经展示了自己的基础。

　　同样，增加对农业部门的投资、重视乡村旅游以及通过增加国内生产来增加就业相关的问题也受到了质疑。

　　政府提到农业是国民生产的主要部门，这一政策包含了农业的整体发展，也同样强调了主要农作物和畜牧业的生产。由于农业、出口型工业、增加发电量和基础设施建设投资等问题对于创造直接的就业机会至关重要，因此政府认为在这些领域的投资将有助于提升就业率。同时，政府已经做出安排，优先解决宗教旅游和乡村旅游以及其他领域可能出现的问题。

　　最后，这里提出了有待纳入政策和计划的问题。我向大家保证，政府将把所有具有创造性的问题／主题纳入政策和计划。我将尽最大努力为宪法的实施和发展相关的工作提供条件，目的是激发各政党的新的自信，还有团结和信任，并将国家当前的政治局势纳入其中。尽管议会和各个政党将继续对我们的其他工作进行评价，但历史和人民亦将对此做出正确的评价。

07

我们为稳定、发展和繁荣而奋斗

[2018年2月普拉昌达阁下任尼泊尔共产党(毛主义中心)主席时在议会发表的演讲]

尊敬的议长先生：

今日我们聚集在这里，召开宪法颁布和选举之后所成立的众议院的第一次会议。尊敬的尼共（联合马列）的代表马达夫·库马尔·尼帕尔（Madhav Kumar Nepal）先生和尊敬的尼泊尔大会党（Nepali Congress）的代表谢尔·巴哈杜尔·德乌帕（Sher Bahadur Deuba）先生刚才所提出的大部分意见，我都表示赞同。

我衷心感谢来自特莱 - 马德西平原、山区和喜马拉雅高山地区的广大民众，他们代表所有阶级、种姓、领土和社区，为成功实施联邦民主共和国宪法这一最敏感、最具挑战性的进程发挥了巨大而积极的作用。如果没有他们的积极参与，这一进程将是十分棘手的。

同样，我也要感谢上届政府在面对挑战时发挥的积极作用，并感谢包括选举委员会、安全部门以及与国家重组有关部门在内的政府机构。

此外，正如前一位发言者所说的那样，我们能走到今天这一步，并非一蹴而就。我们是经过长期斗争和牺牲才建立起联邦民主共和国的。在这个历史性的时刻，我要衷心感谢那些属于被压迫的各个阶级、种姓、领域、性别和团体并在武装与和平运动中牺牲和殉难的烈士。同时，我要向成千上万失踪的战士表示敬意，向他们的家人表示慰问。同样，我要向数千名伤员和残疾战士致以崇高的敬意。我们是经过长期斗争和牺牲才走到今天这一步的。

我不想阐述政治人物和政党在过去所发挥的作用，我想提请本次会议注意的是，在尼泊尔历史的后期，从反潘查亚特运动 [5] 到现在，尼泊尔人民和国家通过伟大的政治变革取得的成功，归功于全国共识，我想提请议会注意。2018 年 3 月 6 日，联邦议会在资深议员、特莱马德西人民党（Tarai Madhes Loktantrik Party）主席马哈塔·塔库尔（Mahatha Thakur）的主持下举行了第一次会议。此前，联邦议会和省议会选举于 2017 年 12 月举行。只有在国内现有的所有政治力量之间达成共识，反潘查亚特运动才有可能进行。无论是人民战争与运动的融合，还是达成《十二点协议》，都是通过全国共识才得以实现的。长达十九天的尼泊尔人民运动具有独特的性质。尼泊尔见证了前所未有的武装叛乱与和平运动齐头并进的事件。所有这一切都是在全国共识的基础上实现的，因为所有政党都反对独裁统治，并且只有在所有人同意的前提下，国家才可以走向和平协议和制宪会议的道路。我们都知道，从制宪会议开始制定宪法是一项艰巨而富有挑战性的任务。

我们都知道摆在我们面前的障碍和干扰，但我

---

5 译者注：1990年2月18日至4月8日，尼泊尔党派和学生发起街头运动，要求国王接受民主改革，运动目标是建立全国多党民主制，取代由国王控制政府的"潘查亚特"制度（即国王领导下的无党派评议会制度）。

不希望我们走到这一步。在众议院所有主要政党达成共识的情况下，我们成功地颁布了联邦民主共和国宪法，其中规定制宪会议将具有包容性并实行比例代表制。

宪法颁布后，其实施受到了挑战。人们不确定宪法是否能够得到真正的执行，选举是否能够按照新宪法举行。

议长先生！

我们共同回答了这些问题。我们所做的一切都基于共识和理解，并在此背景下成功地走到了今天。我谨向所有政党和领导人表示由衷的敬意，同时也要感谢那些为民族团结、民族尊严、民族独立以及政治变革进程的成功而发挥了重要作用的人们。在回顾过去之前，我想说的是，左翼联盟在最近举行的选举中取得了压倒性多数票，卡德加·普拉萨德·夏尔马·奥利（KP Sharma Oli）代表联盟当选为总理。我衷心祝愿他在任期内取得成功，并祝愿他在未来的日子里成功地团结这个国家，建立共识和理解，实现国家和人民对稳定繁荣的愿望。在竞选总理的过程中，他已经在不同场合表达了自己的观点。通过执政党和反对党的携手合作，我们可以带领国家走向稳定、发展和繁荣。

我们完成了根本性的政治斗争，并通过制宪会议这一最民主的方法制定了我们的宪法。我们通过包容性和比例代表制制定了共和的、联邦的、包容性的宪法，当然，我们的宪法仍有一些问题需要审查、修改和完善。

宪法提到，在未来的日子里，它将根据人民的感受、需要和适应不断修订。我们的宪法没有留下发动叛乱、革命和运动来解决政治问题的空间。宪法确立了基本准则，即根据民意，在宪法范围内对其进行完善、修订和改正。这部宪法首次纳入了以往宪法中没有涉及的问题。这部宪法从社会正义和基本权利的角度出发，解决了尼泊尔人民的问题，因此他们可能不再需要进行叛乱或运动。

现在的挑战在于落实。我们要为稳定、繁荣和发展而战，因为从总体上看，我们在处理遗留问题方面所取得的成就并不好。我们的国家机制、司法机构、安全机构，或者我们政党的整体工作作风，都不利于国家的需要、发展、繁荣与稳定，也不利于宪法所构想的社会主义进程。我们都知道，违法乱纪的现象数不胜数，我们已经到了应该为纠正违法乱纪现象，使我们的国家成为一个现代、文明和繁荣的国家而奋斗的时候了。如果有人像过去一样谈论暴力或政治运动，那只能是对人民的改变、决定和信任的背叛。这些问题不会有成功的余地。

因此，我一再呼吁那些在过去的斗争中反对封建主义和专制，支持民主、共和、联邦制、政教分离、包容性和比例代表制的朋友们集结起来。在这个历史的舞台上，我再次呼吁所有的朋友们，不要有任何犹豫和幻想，参与到这场即将开始的伟大运动中，为发展、繁荣和善治而进行一场新的和平战斗，因为它已经具备了充足的理由。如果我们不能理解它并陷入幻想，那么历史将不会原谅我们。

人们表达自己意见的方式是具有历史意义的。我第二次担任总理时，特莱 - 马德西地区出现了一点问题。马德西人和他们的领导人对宪法是否会被修改、审查，或者是否会努力解决他们的情绪心存疑虑。我们尽了最大努力来消除他们的疑虑，稳定他们的情绪，稳定马德西人、土著部落以及所有受压迫阶层的情绪。我们的努力使特莱地区参加地方选举的人数比山区多出 4%。

这一事件证明，如果政治领导人尊重人民的感情，敢于与人民对话、与人民合作，就能在不经意间成功地完成工作。我要感谢所有人民和所有政治领导人，包括马德西政党。

我曾试图修改宪法。奥利总理在阐述过去运动的要求时表示，他愿意通过各政党之间的适当讨论，来对宪法进行修改。他的表态发出了前进的信息，大家要在发展和繁荣的征途上携起手来，在所有阶层和社区之间建立团结的良好的情感。我相信，正如尼泊尔大会党主席德乌帕阁下所说，他处于中心位置，这也意味着重要节点。之前有两位尊敬的成员表达了他们的观点，我说完之后还会有两位，这也是我处于中间位置的原因。毛派的命运就是这样，始终处于中心位置。现在，我回顾了 1989 年之后所有政治进程和变化，政治变化确实有消极和积极的一面，而我始终处于中心位置。在表达我的观点时，我处于两者之间或中心位置。我要感谢他们创造性的支持，因此我们才能共同造就巨大的变化和进步。每当我们相互争斗，国家就会遭受巨大的损失和破坏，而每当我们携手合作，巨大的变化就有可能发生。我们将一些政治事件推到了前台，世界也因此对我们肃然起敬。现在，我想特别请求所有尊敬的执政党和反对党成员，本着同样的民族团结情怀、创造情怀以及共识与理解，在新的运动和发展繁荣的征程中勇往直前。

议长先生！

我想让大家记住的是，在大地震发生后，我作为反对党领袖，希望时任总理苏希尔·柯伊拉腊能坚定地站在他的立场上，并表示我将作为政府的支持者不遗余力地协助政府，而非扮演一个反对党的角色。你们的准则是在政府陷入困境时将其赶下台，但我们左翼政党却没有这样的传统。我曾在这里说过，当政府陷入困境时，我们必须支持它，因为国家遇到了困难。我们必须打赢稳定、善治和发展的新战役。

尼泊尔的经济处于混乱状态，我们掌握的信息和数据表明现状相当可怕，但有多少人关注过这个问题？现在，我们的经济是靠汇款来调节的，而汇款是没有确定性的。每当一种新模式出现时，就可能发生国际政治事件。所有的经济指数和数据都不乐观。它们具有严重的破坏性。我们的贸易赤字也很可怕。维护进出口贸易平衡是我们的责任。我们应从何处着手，由谁来着手？我们必须去做。我们共同促成了和平进程的成功，通过制宪会议制定了宪法，我们执政党和反对党共同促成了民主选举的成功。我们在尼泊尔人民面前做出承诺，要改善目前糟糕的经济状况，我们的责任是发展我们的国家。

议长先生！

我想提请大家注意的是，我们必须开始纠正我们自己的错误和我们文化中的弱点，其中政治家的弱点和错误必须首先得到纠正。在立法议会的这次会议上，从今天这一刻起，我们必须信守新的承诺。我们愿意为国家和人民做出忏悔、劳动和牺牲。我们必须承诺，不再像过去那样为了竞争职位而违法乱纪，不再参与任何非政治活动。如今，我们必须信守诺言，因为新宪法、新路线、新安排将是我们的责任。至关重要的是，我们要承诺不再培养过去那种作为反对党或执政党而进行竞争的荒谬文化，而是要团结一致地推进国家建设的伟大事业。

如果我们信守这样的承诺，我们就能将国家从可怕的经济衰退中拯救出来，并在几年内实现质的进步和繁荣。我们拥有丰富的资源，包括人力资源、工业和工厂，在农业产业发展、基础设施建设、旅游开发、水资源等各方面，都有质的进步的可能。

所有这些的首要条件是"共和国第一个十年计划"，即我们是否准备好改变自己。

奥利是一位杰出的政治领袖，他在议会中获得了近三分之二多数的支持。这是他建设新尼泊尔、结束迄今为止存在的一切不法现象并以坚强意志坚定前行的时机和机会。我不打算对我们的反对派朋友多说什么，因为你们都在尼泊尔历史上发挥了重要作用，这已经载入史册。全世界都见证了我们是如何创建和平进程的。任何历史性的变革、运动、共识或协议都不是单独造成的。不要忽视和破坏相互放弃的事实。如果我们袖手旁观，那将是一个巨大的错误。我想呼吁我们所有人承诺改变自己，首先建设尼泊尔。第二个问题是善治和我们内部的管理。我们国家机制的工作方式和工作文化已经被严重破坏，其原因是未能实现良好的治理，其中最严重的问题是腐败，猖獗的腐败已经广泛制度化。现在谁来控制建设？谁来发展一种优先为尼泊尔人民服务的新文化？这种文化又该如何设计？我不想多说。如果我们做不到，毫无疑问，政府将无法成功履行其职责。

我们必须从奖惩制度入手。我们可以形成一种文化，惩罚那些不诚实、背叛国家、弄虚作假的人，奖励那些诚实、忠诚、为人民做事的人。历史表明，实行奖惩制度的国家取得了奇迹般的进步，而偏离奖惩制度的国家则一事无成。因此，摆在我们面前的首要问题是，我们是否有足够的勇气一视同仁地实施奖惩文化。我们需要完成的任务还要求我们做得更多、更广。我们曾向人民承诺，我们将提供善政、稳定、发展和治理。我们的人民相信我们对善治的承诺。在我们将尼泊尔带向一个新的目标之后，他们会更加信任我们。他们都知道，我们的国家完全依赖于数百万青年从国外寄回的汇款。他们支持我们的理由是，他们将获得善治、稳定和发展。因此，我们所有人都需要诚实地对待这种力量和他们做出的历史性决定。然而，他们并没有过上有尊严的生活，每天都有尸体运抵特里布万国际机场，甚至连及时运送尸体都存在法律障碍。只有在国内创造就业机会，发展基础设施，为旅游业发展创造有利环境，才有可能结束这种局面。

这个时代被认为是移动和互联互通的时代。流通速度越快，你的发展也就越快。要加快公路建设，加快机场建设，加快铁路建设，加快信息技术发展，这样，就能加快发展速度。我们拥有丰富的可能性。处于印度和中国之间可以是一种好事，我们必须利用好这一点，而不是让它演变成祸患。

在尼泊尔政治起伏的过程中，过去的统治者，主要是封建专制者，采取了利用对外关系为自己谋利的政策。但现在，贴亲印或亲华标签的时代已经结束。我们都是亲尼泊尔人，我们愿为尼泊尔国家和人民的最大福祉奉献自己的力量。我们既不亲中国，也不亲印度，我们亲尼泊尔。我们希望与中国、印度和国际社会保持良好关系，保障尼泊尔人民的经济繁荣和福祉。我们希望让数百万青年返回尼泊尔，在国内创造就业环境。如果不在国内开展具体工作，青年人就不会回国。人们会去任何一个可以轻松获得工作并维持生计的国家，我们不能强行阻止他们。我们的注意力应该放在加快发展国内良好的就业环境上，只有这样，年轻人才能回国。我们在共识中完成了所有历史性工作，但同时又在争吵中制造了所有障碍。现在，我们通过制宪会议和立法议会选举制定了宪法，从而准备好了发展的条件。

从现在起，我们将完全专注于发展、繁荣、善政和稳定。我想告诉反对党的朋友们，这个左翼联盟不会持续太久，因为它将转为一个单一的政党。我谨代表这个联盟表示，我们将致力于创造一个环境来创造性地向前迈进，达成协议，并在国家问题上与你们合作。我们希望能在解决国家问题和推进尼泊尔繁荣进程面临障碍时达成全国共识。本届议会将工作五年，并在五年内为建设拥有基本权利和社会正义的繁荣国家的牢固基础发挥重要作用。我要再次衷心感谢在这些进程中支持我们的广大公众和所有机构。我再次祝贺所有当选的议员，并祝他们在任期内取得成功！

08

马克思主义与当今社会主义

[2018年5月30日时任尼泊尔共产党联合主席普拉昌达阁下在纪念卡尔·马克思诞生二百周年"马克思主义与社会主义"国际研讨会上的讲话]

此次关于马克思主义和社会主义的国际研讨会是为纪念卡尔·马克思诞生二百周年而举办的,我谨代表我本人和我们党,向所有参加这次会议的与会者,特别是国际与会者表示热烈欢迎。

马克思与恩格斯共同撰写了《共产主义宣言》。马克思在宣言中指出,整个人类文明史就是压迫者与被压迫者之间阶级斗争的过程,而斗争双方存在着不同的社会等级。他还描述了现代社会是由资产阶级和无产阶级组成的。他提出了辩证唯物主义，认为宇宙万物都是自然的，遵循自然规律，因此不存在超自然现象。此外，宇宙万物都是物质的，进化是一个持续的过程。除此之外，一切都只是人为的概念，在自然界中根本不存在。这些观点，使得人类社会产生了巨大的变革，人们认识到了自然力量的真实存在，也明白了社会上长期存在苦难的原因。在《资本论》中，马克思对资本主义进行了科学的分析，他认为榨取剩余价值只不过是资本家在剥削无产阶级并从中获利。他还为劳动价值辩护，这使无产阶级意识到要与剥削作斗争。马克思描述的阶级斗争的主要思想指出，只要社会以阶级为基础，它就必然处于对立之中。因此，他号召工人阶级在工会中团结起来，与资产阶级或剥削者作斗争。在这方面，他说："让统治阶级在共产主义革命面前发抖吧。无产阶级在这个革命中失去的只是锁链，他们获得的将是整个世界。全世界无产者联合起来！"

人类是在不断抗争的进化过程中走到如今的社会阶段的，因此，与暴政或保守倒退的势力作斗争是人类的权利。马克思的这一观点确立了工人阶级反对资产阶级的革命权利。马克思与空想社会主义者不同，他研究理解预测社会、经济和物质现象的方法，用科学方法审视历史趋势，得出可能的结果和未来可能的发展，从而提出了科学社会主义思想。马克思和恩格斯强调用唯物主义的方法来理解人类历史的发展，因此这一理论被称为历史唯物主义。

马克思说，富人和穷人之间的斗争会一直持续到世界实现无阶级社会。我们的条件（事物）产生冲突（辩证法），这种冲突促进了人类历史的发展。马克思首次提出了辩证唯物主义和历史唯物主义理论，指出经济力量是推动人类历史发展的主要力量，运用生产力的演变和阶级斗争来解释历史。马克思曾说过，资本主义只是社会发展的一个阶段。

巴黎公社（1871 年 3 月 28 日至 5 月 28 日）是社会主义运动的一个插曲，工人阶级在历史上第一次建立了统治。工人阶级统治社会的胜利唤醒了全世界的无产阶级，使他们明白他们可以战胜资产阶级、封建阶级或其他剥削阶级。但是，由于缺乏领导和组织能力，加上传统官僚体制的延续，巴黎公社运动仅持续七十天就失败了，这也使得遭受苦难的人民产生了沮丧情绪。然而，在资本主义政权统治的许多地方，无产阶级的斗争从未停止，斗争又焕发出新的活力。

在巴黎公社运动失败五十六年后，伟大的十月革命在列宁的有力领导下取得成功，俄国建立了社会主义政权。十月革命在东欧的许多国家掀起了革命浪潮，社会主义性质的政府，即无产阶级政府纷纷建立。这种情况不可能局限于地理范畴。伟大的十月革命唤醒了世界各地的工人阶级，各大洲不断成立共产党。社会主义国家根据本国的政治经济结构特点，采用了各自不同的社会主义模式。

古巴、坦桑尼亚和亚洲的一些社会主义国家采用了土地革命的社会主义模式。毛泽东同志领导下的中国革命者采用的社会主义模式是土地革命模式，这与俄国革命不同。俄国的工业发展水平较高，工人比较容易组织起来的工人阶级，而中国没有相当数量的可以组织起来。因此，毛泽东同志更加注重游击战，以此解放农工，这与中国革命的农民基础相适应。他组建了以农民为基础的解放军，并在中国共产党的领导下夺取了全国政权。毛泽东同志发起了政治、社会和经济改革，让公民参与国家事务，给予他们尊重和保护。他强调政治改革，使工人阶级和广大人民群众享受充分的解放成果。通过这种方式，中国建立了社会主义性质的农业模式的共产主义政权。

毛泽东同志之后，中国社会主义所走过的漫长而艰辛的道路，是全球社会主义和共产主义政党需要进行比较研究和总结的。中华人民共和国所实行的社会主义模式是具有中国特色的社会主义模式，是以科学社会主义为依托、反映人民愿望、满足国家发展需要的社会主义。中国之所以能在人口最多的情况下发展成为世界第二大经济体，就是因为实行了符合本国特点的社会主义。这启示各国的共产主义运动不要照搬别国的社会主义模式，而要根据本国的实际情况或特点加以应用。

马克思预言的社会主义发展状况已经在一些亚洲国家实现。马克思主义是科学的，不是教条的。它需要随着全球和地方的实际情况变化而变化。我们注意到，帝国主义和资本主义在军事和经济等重要和关键领域已经变得非常强大。而当前实行共产主义制度的国家数量却急剧减少，全世界的共产党都应认真分析原因。值得重视的是，在许多国家，共产主义制度本应由穷人和社会边缘群体控制，并致力于解放这些贫困人群，但实际上，这种制度却难以为继，无法满足这些人的期望。在许多情况下，这种体系已经崩溃，国家又恢复了旧的剥削制度。

关于马克思主义的科学体系是否由掌权的统治者教条式地统治，马克思时代的社会和经济分析对于 21 世纪的新现实来说是否已经变得多余，一直是争论不休的问题。与此同时，帝国主义者和资本家吸取了多年来的教训，并做出了相应的调整，以求生存和前进。因此，全世界的共产主义运动，现在必须从过去的反面案例中吸取经验教训，并在马克思主义基本原理的基础上，根据现实情况向前发展。

基于正反两方面的经验教训和 21 世纪社会主义实践中存在的明显弱点，我们得出结论，要提出可能的社会主义新模式，就必须对其原有特征和实施方式进行透彻的分析。

我们在反对封建制度的斗争、革命和战争期间以及自己掌握党和政府权力期间，都应保持革命性，同时也要保持与人民群众的友好关系，激发他们的共产主义理想。只有这样，我们才可以在 21 世纪发展出成功的社会主义模式。

对于 21 世纪的人民民主，我们正在争论的焦点是在政府中继续执政，而没有考虑没有人民认可以及人民批评的消极影响。我们应该在政府和共产党内部倡导人民民主的实践，越是尊重人民群众在党和政府内部的发言权和意志体现，越是赋予人民群众对党和政府的持续控制、干预、监督和监察权，通过上述措施实践和发展人民民主，就越能加强党和政府内部的人民民主。我们认为，这将使社会主义更具生命力，并体现出实践社会主义的必要性。对于共产主义运动来说，这是在 21 世纪实现自我生存和征服资本主义的挑战。

在尼泊尔，我们有通过革命和共产主义运动来捍卫、实验和发展马克思主义的经验，这些经验不仅体现了尼泊尔的具体现实特点，而且还体现了主权和国际的重要性特征。

在这种情况下，尼泊尔人民在共产党的领导下进行了和平和武装斗争，希望从长期的社会、文化、经济、宗教、地区和政治剥削中解放出来。

尼泊尔人民以人民战争和人民运动的形式开展了武装与和平斗争。尼泊尔最近发生的积极的政治和社会变革归功于领导层的正确理解，即 21 世纪的需要。我们现在已经实现了联邦制、民主制、共和制，并实现了国家的包容性。我们挫败了封建主义，正朝着实现尼泊尔特色的社会主义治理体系迈进。

现在，在最近举行的地方、省和联邦三级选举中，共产党获得了近三分之二的人民选票，这证实了尼泊尔21世纪社会主义政治实验的受欢迎程度和可行性。

当前，尼泊尔创造了历史，我国拥有最多追随者的两个政党，尼共（联合马列）和尼共（毛主义中心）联合组成了我国最大的单一政治实体，即尼泊尔共产党。

这个新的政党以马克思列宁主义为指导原则，并且承认并拥护毛泽东为实现21世纪社会主义所做出的重要贡献。新政党将以加强人民民主的正确战略为社会主义做准备，且坚持和平、人民富裕和民族自决的斗争路线。

对于长期以来倾向于左翼政治的大多数人来说，这可谓梦想成真。迄今为止，他们一直被分裂和削弱，而这限制了国家发展力量的解放进程。相信从现在开始，随着新政党的成立，政治稳定和善治将会促进人民的普遍繁荣，国家发展进程将进一步加快并实现可持续发展。

资本主义国家的经济在20世纪末之前一直保持快速增长，但到了21世纪初，其他地区，尤其是中国和其他东亚国家的经济快速增长，对北美和欧洲来说造成了令其担忧的局面。拉丁美洲的一些国家也出现了快速的经济扩张。社会保障、公共教育和医疗保健已成为国家发展的基本要素。在政治领域，保护和落实民主价值观、保障人权、定期选举、采取多党民主以检验人民支持度，已成为民主国家的核心和灵魂。许多之前采取寡头制或专制统治的国家也开始遵循民主的统治准则，亦或开始以某种自由的态度来改变自己。在现代新思维的海洋中，社会主义国家也应该从传统的社会主义思维中跳出来改变自己，以适应 21 世纪人民的需求。只有认识到现代社会的政治和社会发展趋势，我们才能实现与现代社会相适应、与我国实际相符合的社会主义。

谈到社会主义，我们应该关注以下几个方面。首先，完善党内党外民主，为广大人民群众服务是根本。其次，近现代史上人类和基础设施的发展都发生了巨大变化，今天的马克思主义者必须分析 21 世纪的政治经济发展情况，并制定相应的思想政治路线。再次，科学技术的发展达到了更新的高度，每个人都从这种发展中得到了前所未有的质的影响。特别是信息技术的发展已经把世界变成了地球村，各种零碎信息能够快速流动和延伸，而这造成了比以往任何时候都有利于社会主义发展的客观形势。

我们必须迅速抓住机遇，从思想和实践上发展并滋养社会主义。最后有必要强调的是，分析历史正反两方面的经验教训，总结出社会主义的新模式，是全世界马克思主义者的历史责任。

再次感谢大家的关注！

09

促进尼印关系：智库的作用

[2018年7月31日时任尼泊尔共产党联合主席普拉昌达
阁下在2018年尼泊尔－印度智库峰会上的讲话]

印度驻尼泊尔大使曼吉夫·辛格·普里（Manjeev Singh
Puri）阁下，

印度基金会董事、印度人民党总书记拉姆·马达夫
（Ram Madhavji）阁下，

尼赫鲁纪念馆与图书馆馆长沙克蒂·辛哈（Shakti
Sinha）阁下，

亚洲外交与国际事务研究所创始人 / 首席执行官苏
尼尔（Sunil KC）先生，

各位阁下，尊敬的与会者，媒体朋友们，女士们，

先生们：

很荣幸在这个满是知识分子与杰出人士的大会上发言，在此，我要对亚洲外交与国际事务研究所和尼赫鲁纪念馆与图书馆给我这次机会表示深深的感谢，我还要表示赞扬的是，两个主办方能在此次智库峰会将众多研究机构聚集一起，就如此重要的选题进行讨论，这真是一个绝妙的想法。

在过去的几个月里，尼印关系取得了重大进展。印度对尼泊尔联邦、省和地方各级选举的结果表示欢迎，并表示希望与尼泊尔新政府密切合作，这一发展对尼印关系产生了积极影响，两国领导人能够抓住机遇，以新的活力和承诺推进双边关系的发展。

奥利总理最近对印度的访问以及莫迪总理随后对尼泊尔的回访，都为我们两国双边关系的整体发展提供了新动能。我高兴地注意到，现在两国之间达成的所有协议和谅解都将以确定期限的方式得到执行，这种合作的及时执行将提高我们之间合作努力的可信度，并为互利领域进一步拓展合作铺平道路。这一举措已在尼泊尔引发了新一轮的热情，同时我还获悉，所有双边机制都在积极执行两国总理的指示，以期将承诺转化为现实。

普里大使，我要感谢你在推进这一过程中所发挥的积极作用。在此背景下，你为今天的会议所选择的主题十分切实。

尊敬的与会者！

在当今联系日益紧密的社会中，个人和机构的意见都很重要，并有可能影响决策过程，全球各地的智库组织都在建立网络，通过这些网络提出新的创新想法，或者分析不同观点。在许多情况下，他们提出的观点可以通过政治程序被采纳并转化为政策。

专家和研究机构的重要作用在所有民主社会中早已得到认可。总部设在伦敦的外交政策智库英国皇家国际事务研究所和美国的布鲁金斯学会等，无论在规模还是影响力方面都堪称先驱。在我们这个地区，智库领导了诸如"瑞辛纳对话"和"香格里拉对话"等倡议。这些活动为来自政界、外交界、学术界和新闻界的国际参与者提供了一个交流思想的平台。

在国家层面，我们也多次从个人、团体和机构的专业知识中获得帮助，委托他们研究重要问题并提出解决方案。最近，尼泊尔和印度两国政府委托尼泊尔 - 印度关系杰出人士小组（EPG-NIR）负责

审查尼泊尔 - 印度双边关系的各个方面并提出切实可行的建议。我相信，尼泊尔 - 印度关系杰出人士小组将很快向两国政府提交报告。

对于规模小、资源少的智库来说，我认为有两个方法可以让它们引人关注并具有问题相关性：其一是继续对当前国际现实问题进行客观的讨论，其二是在国家核心关键问题上发表专业见解。

尊敬的与会者！

我们两个国家及两国人民因地理、历史、文化传统与价值观念联系在一起，尼印关系既深且广，已超越了传统的外交关系。

这种关系历史悠久、源远流长，被圣人和贤哲的智慧所熏陶，并通过人民之间根深蒂固的联系而不断发展。仅通过两国政府之间的正式关系是无法真正了解我们之间关系的深刻内涵的。这种关系的美妙之处在于，两国的政治、经济和社会机构之间既存在正式关系，也存在非正式关系，今天的活动本身就是这种奇妙关系的印证。

尼泊尔和印度都优先考虑与邻国的关系，自然将邻国外交置于外交政策的核心位置。邻国关系的性质不同于其他关系，如果不充分尊重彼此的核心关切与发展愿景，那么这种关系就不可能成功。

尊重和遵守主权平等、互惠共赢、互不干涉内政等基本原则，对于建立和增进信任，促进善意、理解与合作至关重要，我们两国对建立在这些原则基础上的《联合国宪章》充满信心。同时，我们两国都信奉南亚价值观，包括"天下一家"（Vasudhaiva Kutumbakam）的哲学思想，故而怎能不尊重和践行公正、平等和相互尊重的人类核心价值观呢？我为什么要强调这一点呢？因为我们两国都看到了这些原则的价值，它们是处理国家间关系的坚实框架。

对尼泊尔和印度这两个邻国来说，除了永久和平与和谐外别无选择，没有什么比和平共处更加重要。从生态到商业等诸多领域，两国无论大小和能力如何都相互依存，因此两国都需要对方的支持与合作，我们需要从两国整体关系与合作的角度来理解这一现实。一个和平、稳定和繁荣的尼泊尔在现在和将来都将符合印度的利益，这不仅仅是一个理论命题，而且会对我们的日常生活产生实际的影响。同样，对尼泊尔来说，我们也需要一个和平的邻国，这样才能发展和壮大自身。在当今这个相互联系、相互依存的世界上，繁荣是不可能孤立地实现的，只有共同努力，才能实现和维持这样的繁荣。

我认为，我们在座的每一位都有责任促进我们两个国家与人民之间的理解与合作，我们应该以开放和进步的心态展望未来，从过去吸取经验教训，以确保 21 世纪的尼印关系发生质的转变，以互利共赢的方式为两国的利益服务，这才应该是与我们的亲密关系和共同命运相称的伙伴关系。

我们的智库和研究机构的朋友们可以投入时间、精力和资源，提出切实可行的方法和手段，以使尼泊尔 - 印度关系达到新的高度，使两国人民满意，并符合时代的潮流和人民的愿望。

尊敬的与会者！

印度一直是尼泊尔发展进程中的长期合作伙伴。经过最近的高层互访，两国间业已存在的多层次双边关系又增加了新的合作领域。互联互通是发展的关键，对于尼泊尔这样的内陆最不发达国家来说更是如此。我相信，新的铁路和水运网络以及更加多样化的航空、公路和高速公路，将改变尼泊尔经济发展的现状。

谈论互联互通时，我们往往只涉及铁路、公路、输电线路和水路的有形互联互通，但实际上，我们需要从更广泛的意义上理解互联互通。它应被视为通过各种手段促进国家间关系的关键因素，包括思想的互联互通、市场的互联互通、人员的互联互通、文化的互联互通、技术的互联互通等等。

我希望今天在座的智库机构可以把研究重点放在这些较新的领域。当前印度在工业发展方面取得了令人震惊的进步，在发明和创新领域塑造了鼓舞人心的范例，在信息技术方面也取得了开创性的成就，经济增长速度更是令人瞩目，这些都将使印度稳居全球前列。故而我们应该扩大和巩固双边关系，使尼泊尔能够从印度前所未有的进步和繁荣中受益。为此，我们需要研究的投入和明智的建议。

尼泊尔是一个资源丰富的国家，适龄劳动人口占大多数，周边有广阔的市场和庞大的经济体，具备发展的先决条件。当我们的邻国和世界其他国家在生活的各个领域取得惊人的进步时，尼泊尔也不甘心成为一个贫穷的国家。过去，由于矛盾冲突和政治不稳定，尼泊尔深受其害。现在，我们已经拥有了有利发展的环境，包括稳定的政府、有章可循的民主体制、丰富的自然资源和人力资源以及国际社会巨大的善意和支持。我们希望早日摆脱最不发达国家的现状，在 2030 年成为中等收入国家，这也是实现可持续发展目标的最后期限。我们现在需要的是长远的发展愿景、精干的机构、充足的资源，以及各方为经济增长和发展做出的共同努力。

尊敬的与会者！

随着和平进程的结束和三级政府选举的成功举行，我们现在有了一个稳定的政府。展望未来，我们的首要任务是经济转型，奥利总理提出了"繁荣尼泊尔、幸福尼泊尔人"的口号，以加快发展步伐。尼泊尔在水电、旅游、农业、信息技术和基础设施方面拥有巨大的发展潜力，在这些领域，两国政府间的合作与协作对于能否取得预期成果至关重要。尼泊尔欢迎更多来自印度的投资、游客和技术转让，尼泊尔也正在寻求与印度建立有利的贸易环境，以便将其不断膨胀的贸易赤字降至可控水平。这些领域的进展都将改变尼泊尔的经济面貌，智库应探索创新的政策理念并提出具体建议，以帮助实现这些目标。

尼泊尔想要维持近期取得的政治成果并满足人民的愿望，就需要在主要政治利益相关方之间进行强有力的合作。有鉴于此，我们在政治上迈出了一大步，将两大共产党统一为一支强大的政治力量，我们致力于通过共同努力，为人民的生活带来显著变化。故而我呼吁今天在座的社会各界人士尽自己最大的努力，为实现我们的共同梦想，为我们的人民享有尊严和我们的国家经济繁荣一起贡献自己的智慧与力量。

最后，有如此杰出的来自研究机构、学术界、商界和新闻界的演讲嘉宾，我相信 2018 年尼泊尔 - 印度智库峰会将取得巨大成功，会议的成果也将为今后进一步促进尼泊尔 - 印度关系的各个方面提供创新、务实和可行的建议。

谢谢大家！

10

尼泊尔近期事态发展与尼印
关系的推进

[2018年9月7日时任尼泊尔共产党联合主席普拉
昌达阁下在第31届印度世界事务委员会的讲座]

主席先生,

各位政要,

各位阁下,

女士们,先生们:

　　我非常荣幸能够受邀在第31届印度世界事务委
员会讲座上向尊敬的听众发表演讲。这是我第二次
参加这个享有盛誉的系列讲座,我衷心感谢印度世
界事务委员会(ICWA)给我提供这次机会,并给予

我热情接待。

你们邀请我就尼泊尔的近期事态发展和尼印关系发表演讲,这本身就证明了你们对尼泊尔事务的关注。我们认为这是你们对一个稳定和繁荣的尼泊尔表达的善意。

尊敬的各位来宾!

五年前我走进这个庄严的会议厅参加第三届印度世界事务委员会讲座时,当时尼泊尔的情况是完全不同的。

那时,我们正处于漫长而痛苦的政治过渡期。第一届制宪会议成立时,我们怀着无比激动和期待的心情,希望能够通过在尼泊尔历史上第一次由民选议会制定的民主宪法。但是,制宪会议在制宪的关键问题上进展甚微。

在我们这样一个多元化的社会中,各种政治力量的意识形态相互竞争,权力过渡并非易事,要实现我们所期望的政治转型也十分艰难。有时候这种过渡看起来似乎永远不会结束,我们为之努力奋斗的民主政治似乎也永远不会实现。

然而,今天我站在你们面前的时候,尼泊尔的局势已经不同了。当时,那种不确定的感觉包围着我们，而今天，我们已经十分乐观。

这种乐观源于历史性政治进程的完成，而这曾被认为是遥不可及的。

我们深信，根本性的转变是可能的。

乐观主义的动力来自对命运的清晰认识和对实现目标的坚定信念。

女士们、先生们！

今天，我带着最能代表尼泊尔国家和人民心声的乐观主义来到你们面前。

作为经历了长达十年之久的武装革命以及和平进程的领导者，我见证了漫长征程中的起起伏伏。

我领导的武装斗争是对落后与不平等的反抗，是对一切封建主义表现形式的反抗，是对等级歧视与专制统治的反抗，这是一场唤醒、启迪和赋予人民权利的斗争。

历史性的和平进程是将人民渴望的民主政治制度化的过程，是建立最适合人民的政治体制的过程，是将人民对于理想的社会政治的启蒙思想转化为一系列政策文件的过程，而这一过程绝非易事，需要时间的沉淀。

亲爱的朋友们！

尼泊尔在过去几年中进行了一场历史性的变革。一支传统政治力量和一支武装革命力量走到了谈判桌前，共同制定未来社会、政治重组议程，完成从武装对抗到民主选举的过程，整个过程以人民选出的代表制定宪法而告终，并在其中纳入了包容性社会的独特的族群权力划分议程，这种情况在世界其他地方很少发生。众所周知，当前的和平与民主转型进程是因当时的七个议会政党与尼泊尔共产党（毛中心主义）达成的《十二点协议》而启动的。

我们现在已经成功地完成了和平进程中非常敏感和微妙的部分，那就是对前战斗人员和武器弹药的管理。

今天，我们拥有了符合两千八百万尼泊尔人民希望和愿景的宪法，我们认为这部宪法是在不同声音与各种矛盾争议中兼顾各方利益的最佳协调成果。

这部宪法能够保障所有公民不受任何歧视地合法享有人权和基本自由，它几乎包含了各种国际人权条约中包括的权利与自由。这部宪法得到了世界各国人民的赞赏，被认为具有独特的进步性和前瞻性。

社会公正是我党过去和现在领导的人民斗争的首要议程，而社会公正的支撑性条款在这部宪法中得到了有力的落实，宪法力求促进社会经济公正并惠及国内落后地区和不同族群。

国家政策旨在提高社会落后群体中的妇女、达利特人、原住民（贾纳贾提人 Adibasi Janajatis）、马德西人、塔鲁人、少数民族、残疾人、弱势群体、穆斯林、落后阶层、不同性别和性少数群体、青年、农民、工人、受压迫者或来自落后地区的公民以及贫困人口的整体地位。

作为衡量社会公正的一项独特措施，宪法规定了一些条款。宪法规定总统和副总统应来自不同的族群，具有不同的性别，类似规定也适用于众议院议长和副议长以及国民议会主席和副主席的选举。同时宪法规定，需要保障妇女在联邦议会和省议会中享有三分之一以上的代表权比例，在地方民选机构中享有百分之四十以上的代表权比例。

从武装斗争到制宪成功，这一过程绝非易事，我们面临着重重阻碍，需要克服艰难险阻，但是，我们怀着坚定的信念勇往直前。这是一种改造社会的决心，一种消灭不公与落后的决心，一种为人民创造幸福生活的决心。很显然，如果没有印度以及整个国际社会的支持与合作，这一历史性的变革是难以实现的。

尊敬的各位听众!

大选前左翼联盟的成立和大选后尼泊尔两大共产党力量的合并,是尼泊尔政治发展的又一次变革。建立一支统一、进步的左翼力量,是我国人民长期以来的愿望。他们许多人都曾经将选票投给左翼政党,但如果这些左翼政党并未形成整体,那么这些选票就是分散的。

完成了这些政治进程,通过宪法确立了人民民主政治体制之后,作为进步政治力量的我们还面临着另外的挑战。一个巨大的挑战是如何维护已取得的成果,还有一个挑战是如何将宪法的规定得到落实,并在人民的生活中得到实现。如果我们的力量是分散的,这个目标是无法实现的,只有将力量团结起来才能做到,故而我们迫切需要促使左翼政党在一个宣言下结成选举联盟,然后进行合并。

这是一个大胆的决定,但无论是对左翼政党的发展以及对于国家稳定和提升政府治理能力来说,这一决定都会获得丰厚的回报。

在省级和联邦选举中,左翼联盟(也就是现在的尼泊尔共产党)获得了尼泊尔人民的授权。如今,尼泊尔共产党不仅在中央拥有一个强有力的政府，而且在新成立的七个省级政权中有六个席位。在得票率统计中，尼泊尔七十六个县区选举中，尼泊尔共产党在七十三个县区中居于首位，其中包括二十个特莱 - 马德西地区中的十七个。

我们完全有理由相信，左翼的胜利是人民对我们信任的结果。

相信我们会为国家提供一个强大而稳定的政府；

相信稳定的政府会提供一个有利的环境以推进国家紧迫的发展工作；

相信我们有能力和决心根除阻碍国家发展的腐败并扫清政府治理的弊病；

相信我们的领导层能够有效地执行国家议程，保护国家利益，提升民族尊严。

就我们而言，我们承诺不会让人民失望，更不会失去人民的信任。

女士们，先生们！

政治进程已经结束，尼泊尔现在要做的是经济转型。如果经济转型无法实现，政治成果也将无法持续。

实现经济转型是一项艰巨的任务。在今天，我们的社会仍以农业为主，而且我们的农业在很大程度上以自给自足为基础，因此，我们亟需土地集中、农业商业化以及更多更好的资金与技术投入。

没有大规模的工业化，就不可能实现增长与繁荣，这需要私营部门的能力、实力和创业精神，而不是寻租行为。尼泊尔的私营部门仍处于新生阶段，需要增强能力。要实现我们的增长目标，国内资源远远不够，故而我们的重点是希望获得越来越多的外国投资。

基础设施不仅是衡量国家繁荣程度的标准，也是推动经济整体增长和促进经济多样化的基础。没有无缝运输连接，就不可能实现工业化，但尼泊尔的许多村庄甚至还没有一条像样的柏油路，所以我们面临的首要任务就是结束这种状况。

今天，我们两国都在享受人口红利带来的财富。从发展的角度看，这是一个难得的机遇。我们的青年需要优质教育，以使他们能掌握肩负和维持国家发展进程所需的技能，同样，我们也需要研究和创新中心。

所有这些部门转型的关键在于治理。我们国家的治理尚待改善，为了实现政府治理转型，我们正在尼泊尔推进法律和一些直观的改革，因为我们意识到，只有我们这些处于社会主导地位的人以身作则，政府治理改革才有可能实现。

女士们，先生们！

对我们来说，通往繁荣的征程并不是一场孤独的冒险。我们认为，我们的繁荣与我们相邻的两个大国的繁荣密切相关，亦与我们是否能和他们建立密切的伙伴关系息息相关。

作为近邻，我们很高兴看到印度在发展道路上快速前进，全球地位也在不断提高。无论是大规模的基础设施建设，还是工业走廊的发展；无论是信息和通信工程世界级的进步，还是卫星的成功发射，都体现出印度的发展成就。最重要的是，这个世界上最大的民主国家实现了近七十年不间断的民主实践和成功巩固的民主政体。

印度多方面的进步不仅激励着我们，同时也为我们提供了扎实的经验，让我们明白一切皆有可能。

亲爱的朋友们！

我们之间的文化联系在我们两个社会作为拥有明确边界的现代国家诞生之前就已形成。我们共同继承了这些传统瑰宝和丰富的历史文化，在今天，共同的文化和传说，相同的神话和神话体系，相似的艺术和建筑以及相通的文学和生活方式，已成为我们关系的显著标志。

今天，印度正以"齐心协力，共同发展"（Sabkaa saath sabkaa bikaas/vikas）的口号在发展的道路上前行，而尼泊尔的发展愿景则体现在"繁荣尼泊尔、幸福尼泊尔人"中。两者的改革愿景都是极具包容性的，其可持续发展进程旨在不让任何人掉队。

我们力求早日摆脱最不发达国家地位，到2030年成为中等收入国家，这是实现可持续发展目标的最后期限，更是尼泊尔走向繁荣的里程碑。

我们两国都有一个超越各自边界的梦想，希望能够促进区域繁荣，增强地区合作。在一周前，环孟加拉湾多领域经济技术合作倡议第四次领导人会议在加德满都圆满结束。领导人宣言充分阐述了本地区对环孟加拉湾地区和平、繁荣和可持续发展的愿望，并朝着这一方向做出了若干重要决定，其中就包括加强地区互联互通。

南盟是一个重要的地区组织，尼泊尔作为现任主席国，我们希望重振南盟，并为早日召开停滞已久的领导人会议创造有利环境。我们认为，南盟和环孟加拉湾多领域经济技术合作倡议不是相互替代，而是相互补充。

在本地区之外以及全球范围内，印度和尼泊尔都是到 2030 年要实现的十七个可持续发展目标的一部分。我们都在国际舞台上倡导解决发展中国家所面临的特殊问题，并为建立一个更加公平、更具包容性的全球发展架构而大声疾呼。我们主张为所有国家创造更公平的竞争环境。

女士们，先生们！

你们可能会问：我们之间的关系一直都是一帆风顺的吗？当然不是，我们也经历过困难时期。回首往事，我们可以清晰地发现，如果我们能以更开明的眼光看待问题，对事情做出更明智的判断，那么困难是可以避免的。

不过，即使处于困难时期，我们亦共同参与其中，努力摆脱那些间歇性的刺激因素。我们没有让这些刺激性因素破坏两国关系的坚实基础。我们需要展望未来，而非纠结过去。为此，我们必须确保不再重蹈覆辙。

我们必须承认，邻国之间的关系不同于其他关系，相互信任、相互理解和尊重彼此利益关切，是有助于巩固这种关系的基础。尊重主权、领土完整和互不干涉内政有助于巩固信任，而信任是建立友好关系的充要条件。坦率地说，作为相邻小国，我们有一些敏感问题需要得到理解和尊重。

我们与印度的发展伙伴关系是实质性的，而且致力于进一步深化这种伙伴关系。几十年后的今天，我们组建了一个强大的政府，并获得了强有力的人民授权，我们认为这是一个绝佳的机会。

最近，在两国最高领导层的指导下，我们都把重点放在及时执行双边协议和承诺上。我们已经能够看到实际的积极成果。我高兴地注意到，莫迪总理在近几年四次访问了尼泊尔。这将作为尼泊尔－印度关系史上的历史性发展而被铭记。

跨境基础设施理所当然地成为我们双边关系发展中的重中之重。不久，我们将看到跨境铁路投入运营。我们正在主要边境点建设跨境综合检查站，以使贸易、跨境和人员流动更加便利和顺畅。连接各自主要边境点的高速公路正在升级。当然，其中仍然存在一些瓶颈，需要我们迅速解决。

鉴于尼泊尔的潜力和印度的巨大需求，水利水电的管理是我们合作的关键要素之一。几个重大项目已经在实施当中，它们的成功将为更多此类项目提供示范作用。

除具体领域外，我们也在全面评估尼印关系的整体情况。双方都认识到有必要根据21世纪的现实情况更新和提升两国关系，为此，我们共同指派尼泊尔-印度关系杰出人士小组为我们提供有益的建议，该小组有望在不久后提交报告，而我们的关系也将达到令大家都感到满意的新高度。

女士们，先生们！

正如我之前所说，尼印关系不仅建立在作为邻国而长期共存的历史基础之上，而且被我们命运相连的现实驱动所影响。

我们的关系不仅仅局限于政府层面，我们还有更广泛的民间交往，这些交往为两国关系奠定了坚实的基础，使我们的关系既深且广。

我们有着相同愿景且在实现各自发展目标的过程中面临着同样的挑战。我们都是民主国家，因此，有时我们的进程显得缓慢、混乱并充满干扰，与多个利益相关方协作自然会耗费大量时间，但是这种过程的最终结果会让我们变得更加自立。

尼泊尔和印度都是高度多元化的社会，我们都需要应对这种多元化的挑战。我们可以借鉴对方应对这些挑战的方式，并学会欣赏彼此的努力。

尽管我们取得了一些进步，但贫困现象依然严峻。在乡村，成千上万的家庭仍然无法获得基本的公共产品，而我们的城市仍然到处都是贫民窟。

我们需要多长时间才能确保我们的人民拥有舒适的住房、得体的衣服以及营养充足的优质食品？我们还需要多长时间才能确保我们的青年接受世界一流的教育并使他们具有充足的能力和竞争力？这些问题以及类似的问题确实是困扰我们两国的紧迫问题，这些问题告诉我们，为什么增长和发展比任何其他因素都更为重要。

我亲爱的朋友们!

这就是我们为什么一直强调希望与印度建立强有力的经济伙伴关系的原因。

11

在2018年国际和平日纪念活动上的讲话

[发表于2018年9月19日，普拉昌达阁下时任尼泊尔共产党联合主席，中国南京]

尊敬的各位来宾，

女士们，先生们，

亲爱的朋友们：

我非常高兴和荣幸能在南京这座美丽的城市参加2018年国际和平日纪念活动。

本次活动的主题"推动构建人类命运共同体，携手建设持久和平、普遍安全的世界"具有很强的现实意义，为世界和平奠定了坚实的基础。我感谢主办方为我提供一个机会，就这一崇高事业发表我的观点。

女士们，先生们，亲爱的朋友们！

当今世界相互关联，相互联系。全球化和信息通信技术的飞速发展，使世界变成了一个地球村。

同时，它也增强了人类的相互依存性。因此，我们必须相互分享我们的价值观、文化自然环境和技术以及我们的希望和愿望，共同面对全球化给世界带来的挑战。

我们有理由充满希望。

一个国家的创新和技术进步，有助于使全球人民的生活变得更加便利。

世界上某一地区快速和可持续的经济增长，能为其他地区带来繁荣的希望。

世界上某一地区的和平与稳定，会给其他地区带来鼓舞。

然而，故事并未就此结束。

纽约或上海股市的下跌会严重影响世界经济，在纽约、巴黎或喀布尔发生的恐怖袭击也会对其他地方的人民过上和平安宁的生活造成影响。

政治的边界或强有力的移民政策无法阻止埃博

拉病毒跨越国界，发达国家排放的工业有害气体也会严重影响非排放国的气候。

女士们，先生们，亲爱的朋友们！

令人满意的是，国际社会已认识到共同发展和繁荣对于全球和平与安全的重要性。

人们普遍认识到，没有发展就没有和平，没有和平就没有发展。

可以说，我们生活在一个相对和平的历史时期。各国都在为实现持久和平、维护普遍安全而共同奋斗。然而，也有一些问题需要通过集体努力来解决。

和平与安全问题是全面的，需要从整体上加以解决。

保障体面而有尊严的生活是和平与安全的前提。包容、公平和可持续发展是基础。但是，各国和各国人民之间的巨大分歧和差距也是当今的现实。

贫困是我们这个时代面临的最可怕的挑战之一。尽管在过去几十年中，数百万人已经摆脱了贫困，但仍有数百万人生活在赤贫之中，而且贫富差距正在以惊人的速度扩大。

当大部分人处于赤贫的生活状态时，少数人的富裕并不是安全、有保障和可持续的。

气候变化对人类安全构成了真正的威胁。由于全球变暖、土地荒漠化和水资源减少等气候变化表现，各地已经出现了冲突。

如果我们不能成功应对贫困和气候变化的挑战，持久的和平与普遍的安全仍将是遥远的梦想。

如今，恐怖主义、暴力极端主义和跨国犯罪网络仍隐约可见并迅速蔓延，孤立主义势力正在抬头。

我赞赏中国在连接世界各国和人民交往方面发挥的主导作用。"一带一路"倡议旨在整合市场并建立一个惠及所有人的区域经济合作框架，这得到了国际社会的广泛支持。

尼泊尔相信，"一带一路"倡议将有助于喜马拉雅地区的基础设施建设，并消除该地区人员、货物和服务无缝式流动的障碍。

此外，交通和互联互通的改善将有助于我们整合市场，并从贸易和商业的扩大中获益。

在"一带一路"倡议构建的交通基础设施的帮助下，尼泊尔西部、中部和东部将通过交通、能源网、服务和无缝贸易与中国连接起来。我们相信，这种互联互通将提高生产力，有助于技术升级，为两国人民创造就业机会，实现共同繁荣。

同样，中国不断倡导和平、包容发展、合作共赢，提出共建人类命运共同体的主张，践行共同繁荣的愿景。这无疑将有助于遏制不稳定和不安全的极端主义势力。

在此，我很高兴地看到，中华人民共和国国家主席习近平阁下经常表示欢迎各国搭乘中国发展的"顺风车"，体现了中国愿与国际社会一道，共同走在繁荣、和平与安全的道路上。我认为，包容性发展和共同繁荣是和谐、和平、稳定社会的核心。

在此背景下，我们做出了集体承诺，可持续发展目标和关于气候变化的《巴黎协定》就是例证。我们有完善的机构，如联合国和其他国际及区域组织，这些机构和组织可以促进我们的共同议程，实现普遍和平与安全。

女士们，先生们，亲爱的朋友们！

我很高兴与大家分享尼泊尔对世界和平与安全的坚定承诺。我们的政策和行动证明了我们的承诺。我们坚持《联合国宪章》的原则。我们对世界和平的承诺已载入我国宪法。"大家是兄弟"是我们源远流长的价值体系。

尼泊尔独特的本土和平进程是以和平方式解决

武装冲突的罕见范例。

尼泊尔充分认识到，为了安全、有保障和可持续的未来，我们必须做出团结一致的共同努力。我们的命运是联系在一起的，我们的未来是所有人的共同未来。未来是好是坏，完全掌握在我们手中。

我坚信，这次庄严的会议将提出具体的构想，这些构想将促使国际社会共同努力，以建设一个拥有共同未来的社会，一个持久和平与普遍安全的世界。

预祝 2018 年国际和平日纪念活动取得圆满成功。

谢谢大家！

12

在2019年尼泊尔投资峰会
上的讲话

[2019年3月30日时任尼泊尔共产党主席的普拉昌达阁
下在尼泊尔投资峰会上的讲话]

各位杰出人士，

尊敬的商会领袖，

女士们，先生们：

你们好（Namaste）！

  首先，请允许我向从世界各地前来参加峰会的各位代表们表示感谢，你们的到来使我们倍感荣幸，我们一直呼吁大家到尼泊尔投资，而你们对这一呼吁的关注使我们倍受鼓舞，这证明尼泊尔的商业环境正在发生改善，也表明投资者对尼泊尔的信任和支持正在逐渐增加。

我相信，在过去的两天里，公营与私营部门以及私营部门之间的讨论、会议和互动对各位来说都是富有成效的。

我认为，私营部门通过参加这次峰会，可以有机会了解尼泊尔的整体投资制度和潜在的投资部门，包括项目银行，以探索适合其专长的潜在投资项目。同时，外国与会者也有机会与尼泊尔私营部门接触并就进一步合作的可能性进行谈判。而尼泊尔私营部门则可以通过这个平台找到合作伙伴，他们不仅可以为新企业或现有企业单位的扩张和现代化带来急需的资金，还可以引进最先进的生产技术、管理技能、营销战略、新兴市场、标准化生产、创新能力和生产效能。

各位杰出的商界领袖！

你们已经知晓尼泊尔政府已经实行或即将实行的一系列改革。与投资有关的新机构的设立、为提高服务机构的能力和效率而采取的举措以及为创造无障碍环境而简化的程序，当然也已经向你们介绍过了。请允许我在此再次强调，总体改革的目的是为了创造有利于商业的环境，确保与投资有关的决策具有可预见性。改革是一个动态过程，需要根据内部和外部在适当时候发生的变化进行定期审查和更新。但我向你们保证，我们已经启动的改革将会继续下去，从而使尼泊尔成为一个有吸引力的投资目的地，并确保你们投资的公平回报率。

作为一项活动，本次峰会成功与否是以你们的踊跃出席以及会议、审议的成功举行来衡量的。但是，请允许我谈谈自己的观点。投资决策不是一次活动，而是一项长期承诺，因此，理性的投资决策要求政治稳定以及在合理的时期内保持政策一致。据我所知，政府当局已经向你们保证将继续努力创造有利于投资的环境。从长远来看，通过本次峰会搭建的平台签署或将要签署的项目协议应该会产生令人满意的结果，即为投资者带来有吸引力的回报率，并为尼泊尔的社会经济发展努力做出贡献，带来实实在在的利益。成功的投资项目是企业和政府为共同利益而进行的长期合作，这样可以为投资者带来有吸引力的回报率，也可以为政府创造提高就业率和增加收入的机会。我希望并祝愿本次峰会能为所有相关各方创造一个有利的环境，以实现互利合作。

亲爱的客人们!

尽管你们已经聆听了包括奥利阁下在内的前几位发言者的发言,但请允许我重申一下我们目前为在尼泊尔投资创造的最有利的政治条件。从 2006 年以来的十二年中,我们在和平协议、制宪会议选举、人民选举产生的制宪会议颁布宪法、废除封建君主制以建立联邦民主共和国、三级政府选举和建立稳定政府等重大的里程碑政治事件中都采取了主动行动。在这一过程中,我们表现出了极大的韧性、灵活性,并照顾到了政治领域不同部门的关切,我们的这些表现可以为世界上的冲突地区提供有益借鉴。今天,我们可以自信地说,只要冲突各方表现出应有的努力,找到解决冲突的共同点,任何规模和层面的冲突或竞争问题都可以得到处理和友好解决。

我们已经完成了制定政治议程的任务,创造了政治的稳定,现在则完全专注于经济转型。我们充分认识到,来之不易的政治成就和稳定局势,只有在经济发展和人民生活条件改善的条件下才能继续下去。

尊敬的各位来宾!

尼泊尔拥有无与伦比的自然美景,自然和文化的多样性令人惊叹。尼泊尔还拥有丰富的自然资源，但这些资源尚未得到充分利用，未能很好地促进经济发展和改善三千万人民的生活条件。总之，尼泊尔是一个充满机遇的国家。尼泊尔拥有相对欠发达的处女地等待投资。繁荣和美好的生活是尼泊尔人民长期以来珍视的目标。尼泊尔拥有巨大的人口红利，有一大批活跃的青年人口。尼泊尔人口的年龄中位数只有 22 岁左右，这一点对于劳动密集型产业来说非常有利。勤奋、诚实、正直和忠诚是尼泊尔人力资源的特点，这些优势基本上是多年来尼泊尔人在全球各地工作时获得的。发源于喜马拉雅山的数百条河流急速向南延伸，为整个河段的水力发电创造了得天独厚的条件。我们的电力市场正在迅速增长，并将随着工业化进程进一步加速。此外，为了满足国家的迫切需要，电力缺口严重的区域市场也开放了电力贸易。尼泊尔在西部和邻近市场的免税、免配额地位，也是在尼泊尔建立制造业需要考虑的重要途径。

尊敬的各位来宾！

尼泊尔有近三分之二的人口从事农业生产，虽然当前的农业生产还无法为全体人口生产足够的粮食，但农业现代化的时机已经成熟。我们是世界上最多样化的国家。尼泊尔是世界上文化和自然唯一的海拔垂直升降国家，在 200 公里的空中距离内，海拔从 8848 米急剧下降到 65 米。尼泊尔是南亚旅游业的先驱，拥有丰富的旅游资源，这一点几乎没有哪个国家可以与我们相比。在尼泊尔，与旅游业相关的基础设施正在不断扩大建设，但以当前的水平来说，我们所需的投资规模以及建设这些基础设施所需的知识技术很难满足我们的要求。尼泊尔狭长地形带中的高原山地气候以及热带、亚热带气候，为各种动植物的生长提供了得天独厚的自然条件，整个国家几乎成为成为独特的植物园和美丽的动物园。

尼泊尔独特的地形为以创新为基础的商业研发提供了巨大的机遇。我们致力于完善知识产权制度，以保护各位的知识创新。这点我不想详谈，因为你们已经在专题会议上听取了有关当局的发言。我只想选取几个要点来再次强调政府的优先事项和我们可以利用的机会。

发展基础设施是我们的当务之急。通过高效的运输手段，如跨境铁路、高速公路、航空、信息通道和电力传输，将邻国连接起来，是我们需要发展的重要的关键项目，只有这样才能将尼泊尔经济与外部连接起来，并使我们的经济具有竞争力。故而政府愿意促进经济区、工业园区和经济特区的发展，为制造业和创新相关产业创造有利环境。而且，数字技术是向私人投资开放的跨领域问题，有很大的扩展机会。

亲爱的商界领袖们！

我国宪法为我们提供了一个社会经济发展的框架。我们已经认识到私营部门在经济发展中的作用。我们希望促进私营部门的发展，以确保经济效率，并加强创新这一有益现象。公共部门应为私营部门的运作创造有利环境，而政府也应创造有利条件，这样才能让它们在经济发展中发挥关键作用。私营部门在经济发展中的作用不可或缺。同时公共部门应关注社会发展，以确保人民和投资的安全，还必须确保平等的市场竞争环境。公私合作模式有望发挥效率，共担风险，共享利益。

在谈到外国投资时，我们同样强调和重视国内私营部门的投资。外国投资可以而且本应该是国内投资的补充，而非替代。尼泊尔私营部门应准备好引进外国企业的现代工具和技术、科技、知识和资金。

私营部门要确保效率和提高生产力，而公共部门则要确保社会保障和安全。

总之，我们敞开大门，随时满足和解决投资者真正关切的问题。本次峰会是一个讨论共同问题的平台，这个共同问题就是以解决投资推动尼泊尔社会经济转型。我们希望将此次峰会打造成一个里程碑，推动我们在公平的基础上实现经济的快速发展。我希望并祝愿本次峰会的与会者们在离开会场时，能够带着乐观的态度和决心通过互惠互利的经济活动，参与到尼泊尔社会经济转型之中。各位外国代表在尼泊尔期间，请抽出时间四处游览，感受尼泊尔的文化多样，享受自然美景以及宁静时光。

最后，我衷心感谢各位的参与，并祝本次峰会取得圆满成功。我还要感谢尼泊尔投资委员会所组织的如此令人鼓舞的活动。

谢谢！

13

在社会保障、安全与和平国际会议上的开幕致辞

[发表于2019年4月4日，普拉昌达阁下时任尼泊尔共产党主席]

尊敬的开幕式主席德瓦科达博士（Dr. Devkota）以及梅斯特鲁姆博士（Dr. Mestrum），

前副总理、我党发言人纳拉扬·卡吉·什雷斯塔（Narayan Kaji Shrestha）同志，

尊敬的各位来宾，

女士们，先生们！

欢迎各位，特别是来自世界各地的尊敬的外国代表们！

尼泊尔是一个刚刚诞生的联邦民主共和国，也是被誉为"亚洲之光"的佛陀的诞生之地，佛陀宣扬的教义举世闻名，其中包含了非暴力、社会和谐与平等观念。然而，整个尼泊尔社会却在相当长的一段时期存在着各种压迫、剥削、歧视、不平等和边缘化现象。直到不久前，尼泊尔仍处于君主专制统治之下，其表现就是实行仅由少数政治精英控制的无党派政治制度。这种由国王及其家族所控制的封建君主专制制度在我国已延续了近两个半世纪。因此，当世界上其他国家和社会已经在实行公民参与式民主从而实现社会经济发展的时候，尼泊尔社会的基本人权却遭到了肆意践踏，更别提基于社会正义与和平原则下的社会经济发展了。这种制度的存续使贫困长期存在，并且进一步加剧了不同表现形式的不公正现象。

尼泊尔人民别无选择，只能在共产党和其他民主政治力量的领导下组织起来全力反抗。当时的尼泊尔共产党（毛主义）拿起武器与封建专制统治作斗争，在十年人民战争期间创造了有利的环境，推翻了几百年的君主制度，在国内建立了人民期待已久的共和政体。

现在，经过长达十年的政治转型，我们颁布了一部符合国际人权原则和条约的宪法，巩固了来之不易的民主并使之制度化。该宪法保证了各级政府具有包容所有各方的代表权，这些政府是通过公民选举、民主进程和法治程序产生的，而这些是实现国家以社会主义为导向的社会经济发展的先决条件，联邦、省和地方三级政府根据宪法独立行使权力。我们相信参与式民主制度，因此我们最近通过投票成功选举出了各级代表。政府正在努力制定必要的法律并建立相关机制，以确保能为人民提供最佳服务。宪法宣布我们当前的愿景是实现社会主义和永久和平，我们决心消除一切形式的歧视与剥削，保障自由与基本权利，保证定期选举与公民选举权，实现社会参与、包容和新闻自由。

良好的社会保障政策和计划的最终受益者主要是那些面临不同程度的困难与磨难的人们，这些政策与计划能帮助他们在与自然和谐相处的同时，过上有尊严的生活。这些计划旨在预防或减少人类的痛苦和困难，以各种方式帮助人们有尊严地享有人权，帮助人类发展、繁荣，并最大限度地发挥潜能。换句话说，社会保障政策不仅能预防或减少人类的痛苦与困难，还能极大地缩小贫富差距，解决因各种原因造成的不公正、不平等现象。

在我国，社会保障、和平与安全是实现"繁荣尼泊尔、幸福尼泊尔人"这一国家愿景的根本。因此，在尼泊尔共产党另一位主席奥利同志的领导下，政府一直在努力颁布法律和政策，建立、完善政府的职能机制，以便及时执行各项利民政策。正是在这一背景下，议会和政府颁布了若干法案、条例和指导方针，例如《2017年缴费型社会保障法》《建立社会保障基金的指导方针》《工作权利法案》《劳动法》《最低工资规定》《总理就业计划》等。其中《2017年缴费型社会保障法》是最受关注的法案之一，这也是尼泊尔首部此类法案。

上述法律和其他规定是必要的，因为尼泊尔宪法已将社会保障确定为建立福利社会的组成部分。虽然国家对公民负有多种责任，但满足人民和社会的福利是其首要责任之一。因此，根据社会福利的概念，人民有权享受各种福利，如照顾老弱病残、失业者和儿童，为他们提供食物、住所、医疗保健和教育等，从而促进他们的福祉，让他们有尊严且自豪地生活在社会中。

尽管我们的社会已经有了极大的发展与进步，但尼泊尔仍属于联合国认定的最不发达国家。我们在如何执行法律法规和其他相关规定方面仍面临挑战，我国的行政执行能力，尤其是财政资源和机构能力还有待进一步提高。由于我们的社会在思想上重男轻女，存在封建残余，对很多问题认识不足而且缺乏有效的管理，所以，我们国家仍然存在着贫困、饥饿、不平等、歧视、不公和诽谤等现象。但是，在尼泊尔共产党的有力领导下，在党的干部、发展伙伴、民间社会以及尼泊尔所有的支持者和朋友的大力声援和支持下，尼泊尔政府有信心克服上述困难。

我相信，你们将把我们正在为实现尼泊尔人民的社会正义、和平与安全而不懈努力的情况带回世界各地，在各地付诸行动并为整个世界的社会正义、和平与安全做出贡献。我认为，社会的正义与和平是一枚硬币的正反两面，没有全面的社会正义就没有持久的和平，同样，没有和平的话，社会正义也无法实现。因此，我希望本次会议能够进一步讨论如何通过适当的社会保障和权利机制运行来提高这种意识，巩固、扩大我们的斗争成果，并找到支持和平、保障和社会正义的新途径。我相信，只要人民团结一致，就一定会实现追求人类尊严的崇高目标。

最后，我想再次强调，我非常高兴而自豪地参与这个伟大的进程。预祝大会圆满成功，预祝各位在尼泊尔度过美好时光。我坚信各位在大会期间将领略到尼泊尔人民的热情与尼泊尔风光的美丽。尼泊尔是一个社会文化统一的国家，在人口、文化、语言和社会文化生活方式等方面亦具有多样性。尼泊尔是兼有自然美景和多样文化的宝库，参与其中，会让人心旷神怡、心满意足。

希望各位在加德满都的生活愉快而充实。

谢谢大家！

14

尼泊尔共产党的合并和我们在
国际共产主义运动中的角色

[2019年4月时任尼泊尔共产党主席的普拉昌达阁下
在尼泊尔共产党成立70周年之际在尼泊尔学院举行
的活动中的演讲]

当前，国际共产主义运动正处于一个相对守势的局面中。在这种不利形势下，我们仍努力将尼泊尔共产主义运动在思想、政策和组织上推向一个新高度。这是通过我们的前辈和我们自己的思想斗争所取得的成果，这种积极的成果是结合我们的阶级斗争和各种运动取得的。

近期来自全球的工人和共产主义者都对我们展

现出了强烈而积极的关注。新倡议的提出，可以说是尼泊尔当下的发展态势，并且得到了国际社会的深度关注。然而，敌对势力编织了各种阴谋，试图打击这一运动，破坏我们的团结以及削弱共产主义趋势。因此，我们的党肩负着历史性的责任，其首要职责是加强民族团结，提高国家独立性，满足人民的期望，筑牢正义的社会主义基础，朝着社会主义方向奋勇前进。同时，我们的国际责任是要深切地满足国际共产主义运动、国际工人运动和全体人民的期待。

在我们庆祝尼泊尔共产党成立七十周年之际，有必要深入回顾尼泊尔的历史以及我们运动的历程。当前背景下，我们的主要责任是回溯尼泊尔共产主义运动的所有经历，并为国家和国际社会寻找新的综合思想。此外，这是一个很好的机会，我们可以根据意识形态和政治发展态势来总结过去的经验教训，并让国际社会充分了解这些国家和国际层面的经验。

在过去几年的工作中，人们起初总是对我们的工作、目的、决心和承诺表示怀疑。有人试图通过各种猜想来质疑我们是否真的即将成功，这其中既有国家层面也有国际层面的问题。他们质疑我们在传递社会发展、社会转型的新理念时能否达到预期的高度。我们通过《十二点协议》开始新的运动时，还可以看到类似的疑虑，但最终我们取得了成功，使人民战争与人民运动相辅相成，并将其转化为和平协议，使其成为伟大的划时代的政治变革。

在尼泊尔联邦民主共和国成功建立后，我们的国家再次出现一种令人担忧的局面，那就是尼泊尔制宪会议能否起草宪法。在第一届制宪会议失败后，国内外都展开了一场关于第二届制宪会议能否起草宪法的辩论。人们甚至试图从民主方式和程序上阻止制宪会议起草和宣布宪法。第一届制宪会议失败，第二届制宪会议在同一国家、同一进程中继续完成制宪工作的情况可以说是一个例外，但我们使之成为可能。最终，第二届制宪会议宣布了联邦民主共和国的诞生。但是即使在宪法宣布后，许多团体仍怀疑新起草的宪法是否会得到实施，通过制定必要的法律和法规，是否能将成果制度化。这使得我们再次面临另一种忧虑，那就是民主的选举能否会为国家提供一条清晰道路，能否引领国家进入新的发展时代，使国家摆脱长期的政治不稳定、混乱和困惑。

诸如此类的问题不断出现。虽然进行了选举，但是，过去七十年混乱、不确定和怀疑的氛围还会持续下去吗？别忘了 1950 年的变革之后，尼泊尔社会还经历过 1960 年的混乱。

尼泊尔社会已经经历了三十年的潘查亚特制度[6]，并且在 1990 年的历史性人民运动以及随后的斗争中不断经历沉浮。虽然制宪会议宣布了宪法且进行了三级选举，但能否诞生一个新时代？这关乎尼泊尔的稳定、发展、繁荣和善治。

这是每个人都应该重视的，在这种情况下，我们从两个共产党、两种意识形态方式和两种实践中得出了一个新结论。无论多么困难和复杂，为了尼泊尔的国家、工人阶级和世界共产主义运动的利益，我们都必须开展主动统一的共产主义运动。如果我们不采取行动，对国家和整个共产主义运动来说，可能都是不幸的。如果共产党不团结起来，数千名烈士、前辈壮烈牺牲换来的成就可能被焚毁。带着这个结论，我们决定合并尼泊尔最大的两个共产党。当我们决定团结共产党并与左翼联盟共同参选时，

6　译者注：潘查亚特制度即无党派评议会制度。

仍然有许多人表示质疑，认为这种团结是不可能的。他们认为即便两党合并，也无法长期可靠地维持这种联合，或认为若是该国家的共产党都联合起来，那么国家会有走向独裁和专制的风险等等。他们曾多次产生这样的怀疑，在当时还有无数的内部和外部势力试图阻止两个党组织走向统一。

我想同志们都明白这个事实，我们都曾以这样或那样的方式经历过它。在建党这一历史性时刻，请全体同志们牢记，这种团结并不是轻而易举地取得的。选举后，我们与许多国内外的势力奋力抗争，他们都曾试图阻止过我们的团结。但一如我们承诺的那样，我们团结一致，始终一贯，从不动摇。

当合并进程被拖延时，所有的共产党领导人和干部无论在哪里与我们见面，都在不断询问、关心和鼓励我们，甚至对我们施加压力，敦促我们早点联合。可以说，如果没有他们的支持，这个合并进程是不可能完成的。

同志们，共产主义运动既是一种思想的意识形态运动，也是一种阶级斗争的运动。它是一个以工人阶级的利益为中心，遵循科学规律并对具体情况进行深入分析，从而在变革的潮流中前进的运动。

共产主义运动是持续发展的过程，是将不断变化的社会以及人类的思考和自然规律相结合的过程。在伟大的共产党领导人列宁诞辰和党的建立纪念日之际，我谨回顾一下列宁领导的革命和他思想的发展。列宁同志维护马克思主义基本原则并将其付诸实践，通过实践来发展它，这些历史范例，在今天也值得谨记。

我们相信，在合并之后，我们没有沉默的理由，因为前方还有很多工作等待我们去完成。我们不会后退，而是要基于马克思列宁主义的基本原则，继续向社会主义迈进。我们已经从过去的经验中取其精华、去其糟粕，为建立社会主义奠定基础。要知道，这本身就是一个跨时代的事情，在 21 世纪，基于 19 世纪和 20 世纪的所有经验和教训已经无法像过去那样发挥作用。如果不敢用新的融合创新思想来加强社会变革运动，不用新原则、新策略和新战术来细化社会变革运动，那么就不可能有质的飞跃。除非划旧谋新并在必要时采取新的措施，否则我们将无法引领一场新革命和一个新时代。同志们，我们统一政党时，也应当采纳我们往昔的经验所合成的理论。

分析目前的国内和国际形势以及我们面临的可能性和挑战，我们就会知道，我们肩负着历史性的责任，所以必须以新的承诺来发展思想、制定政治战略并推进我们的竞选活动。此种情况下，我们只有秉义直前，义无反顾，坚定不移地走自己的道路。

然而，一些错误的倾向始终存在于争论之中，也始终存在于斗争的道路上。在尼泊尔，甚至在全球都有一种倾向，那就是对之前在国际环境中出现过的事物进行美化并沉湎其中，从而不敢为共产主义运动和政治注入新的动力。我们一直不倦地与这种固守传统意识形态、不懂变通的态度作斗争，也遇到过由它引起的困难局面，我们将它称之为领导者在变化背景下的固定思维（原教旨主义或分离主义）。实际上，我们是在和一种与历史、事件并不匹配的主观自我美化的倾向作斗争，所以重要是的客观地分析最近的共产主义运动、革命和阶级斗争的需求，并以此为基础来发展思想和政治进程。另一方面，还有一种更危险的倾向，就是试图放弃阶级斗争的基本原则，放弃马克思主义普遍确立的原则并否定它们的科学本质，与阶级团体建立协调而友好的关系，从而忘记为工人阶级和劳动人民服务的宗旨。

我们是一个基于阶级的政党，而不是一个无阶级的政党，所以只要社会中还存在阶级，阶级斗争就将持续下去。这种向反动资产阶级投降的倾向，会忘记阶级拥有的政党、哲学和理论。我们一直在与这两种倾向抗争，根据先驱们的奋斗以及我们从他们那里学到的经验，我们尝试去改变这一切，党的合并正是其结果。

如果我们在这场运动中仅关注个人地位、声望和团体利益，那么党的联合则是不可能的。因为共产主义的反对势力和机会主义者总是诱导在共产主义运动中产生拥有资产阶级和派系思想的人。他们想要将共产党变成机会主义者的集合地，而不是一个基于阶级的党派，所以这场运动，仍然可能随时面临意识形态上的误导尝试。

我们在尼泊尔的共产主义运动中进行了实验，特别是围绕 1990 年之后的人民运动进行了实验。一方面有马丹·班达里（Madan Bhandari）同志领导的人民多党民主（PMPD），另一方面有毛派领导下的人民战争，目的都是让所有被压迫的阶级、种族、地区、性别和社区获得自己的权利。由此，一场运动演变为政治变革，并带来了新的政治觉醒。当前局势的发展得益于这两项不同运动的正面效果，这些运动的成功造就了联邦民主共和国。如果这两种思想运动的领导者没有理解彼此的重要性和需求，或许我们在人民战争中就不会完全获胜。同时尼泊尔还存在着资产阶级无法被彻底征服的危险，总之我们已将对思维固化和对经验主义斗争的警惕提升到了新的高度。

在这些斗争中，党是团结一致的。党的合并是尼泊尔人民的胜利，是尼泊尔所有共产党人取得的胜利，也是国际共产主义运动的胜利。将此视为胜利也与反对领导层的独裁和官僚主义并与其坚决斗争的现实有关。

这是我们在一年内所做的工作，整个干部团队本可以做得更多，但我担心事情不会按照计划和预期进行。尼泊尔人民以三分之二的多数成立了政府，但人们认为还没有达到应有的前进速度。要克服和解决过去近七十年所累积的众多扭曲和冲突，一年的时间显然是不够的。我要再次强调，我们绝不应该自满，要诚实地检讨我们的缺点和不足，并做出调整的承诺。为了按照公众的期望前进，必须开展更大范围的运动。

我们肩负着一系列的责任，比如对党的干部进行反对独裁和官僚主义的培训，将党的工作与人民的利益结合起来，结合共产主义运动的国内外经验来培养党的组织。我们不能再拖延，必须在接下来的八个月内完成所有七十七个地区和侨居国外的党组织的所有会议，还应该在一年内召开党的全国代表大会。这些会议不应该仅仅是对成就进行表彰的会议，还应该有激烈的争论。正如马克思主义发展的熔炉一样，进入熔炉的也将是一场伟大的论辩和考验，它将成为在尼泊尔背景下推进马克思主义的熔炉。

我们在大会召开前所做的意识形态总结将指导我们数十年的工作，一份政治文件，一个新的政治方向，都将为尼泊尔的国际共产主义运动提供新的思想方针。

现在我们必须致力于发展新的意识形态和政治策略，将尼泊尔带入社会主义时代。宪法规定了国家的社会主义方向，共产党人要正确地分析、综合把握，走上科学社会主义的道路。我们必须做出伟大的承诺，从过去的动荡和异常中吸取教训，引以为戒,清理内部的污秽,为即将举行的地区代表大会、全国代表大会做好准备。诚如我之前在承诺党的联合时所说的,我们身上都积累了很多污垢,如果不清理这个烂摊子,我们就不可能继续前进。同样,如果没有劳苦工人和人民群众的支持和信任,那么我们将无法激浊扬清。党的联合是所有党的干部和人民的共同期望,是领导层击败了所有机会主义者和反共分子的阴谋后才得到的携手共进的结果。

有鉴于此,我们亟需一场文化的新运动,一场文化的新革命。这场运动应由充满热情的新一代与经验丰富的老朋友共同合作进行。我们必须反对一切腐败、怠惰和欺瞒的做法,将我们即将到来的大会视为进行新的文化革命的决议。我相信,只有这样做,我们才对得起那些为马列主义和共产主义运动牺牲的战士和先驱们。

15

在第九届亚太地区声援古巴大会
开幕式致辞

[2019年7月26日时任尼泊尔共产党主席的普拉昌达

阁下在第九届亚太地区声援古巴大会开幕式致辞，

加德满都]

主席先生，

费尔南多·冈萨雷斯（Fernando Gonzalez Llort）

同志，

来自世界和平理事会的伊拉克利斯（Iraklis

Tsavadaridis）同志，

尊敬的各位在座领导以及来自亚太地区和其他大洲

的代表：

今天，我很高兴出席第九届亚太地区声援古巴会议开幕式。感谢主办方给我这次机会，预祝会议取得圆满成功！

亲爱的同志们，朋友们！

古巴不仅是世界上一个以进步运动闻名的国家，更是主权斗争的象征、人民组织运动的启示，也是一个为人民提供最好社会保障体系的国家。这是一个人民始终团结一致、坚决拒绝外部干涉和控制的勇敢国家。尽管遭受数十年的制裁、封锁和其他限制，但古巴已向全世界表明，不公正的行为无法扼杀人们热爱和平自由的思想。针对古巴的经济封锁并未削弱古巴人民的耐心、民族主义精神和捍卫主权的意志。我们声援古巴人民和领导人捍卫国家主权的努力。此时此刻，我认为有必要记住古巴的伟大领袖菲德尔·卡斯特罗（Fidel Alejandro Castro Ruz）同志和革命领袖切·格瓦拉（Che Guevara）同志，他们将古巴从巴蒂斯塔腐败专制政权下解放出来，并在古巴建立了进步制度，他们的贡献并不仅限于古巴。在将尼泊尔人民从专制与独裁政权解放出来的斗争中，我们也从古巴的革命领袖那里汲取了无尽的鼓舞。因此，我们追求社会主义的愿景和征程与他们有许多相似之处，这使得我们在政治目标上更加接近。

亲爱的朋友们！

针对古巴的制裁违反了人权的普遍准则和价值观。由于贸易封锁，古巴在过去六十年中已经承受了超过 1300 亿美元的损失。联合国大会每年都会以压倒性多数票通过一项呼吁结束对古巴封锁的决议。国际社会反对对古巴的制裁已持续近二十六年。然而，尽管全球呼声强烈，制裁仍在继续。国际社会的声音必须被听到。我们支持联合国的决议，呼吁尊重古巴主权和人民愿望，终止对古巴的封锁。尼泊尔一直坚定地、明确无误地支持有利于古巴的联合国决议。

尊敬的各位代表！

我可以自豪地与大家分享，尼泊尔人民经过七十年的斗争，最终形成了一个由人民选举产生的强大的共产党政府，我们愿与全球的所有支持者一同庆祝这一胜利。我们欢迎能够促进我们进步的国际主义的反馈和支持。尼泊尔两大共产党的合并，对尼泊尔政治转型发挥了决定性作用，鼓舞了尼泊尔人民，为贫困、边缘和弱势群体带来了希望。我们终于完成了党的统一进程，很快我们将召开全国代表大会，这将进一步加强我们的党的力量并促进人民参与我党的进程，为我们提供更新的意识形态指导。

在尼泊尔，我们正在实行三级政府组成的联邦政体。宪法划定了三级联邦机构的权力和权限。我们的联邦制基于共存与合作的原则。过去的一年，我们致力于制定和修改法律与政策，以落实新的治理结构。政府花了大量的时间，以更加民族主义、独立和进步的观点来调整我们的国家政策以及经济方针等。

我国政府一直奉行基于主权平等、互利、相互尊重的外交政策。政府致力于加强与印度、中国等近邻以及世界各国的友好关系。"跟所有人友好，不与任何人交恶"是尼泊尔外交的座右铭。我们的努力，是为了实现"繁荣尼泊尔、幸福尼泊尔人"的美好愿景。

尊敬的各位代表！

尼泊尔和古巴之间有着深厚的友好关系。我们不仅拥有四十四年的友谊纽带，而且在国家愿景、捍卫主权以及推进国际主义方面都非常接近。我们的关系不仅仅局限于政府层面，人文纽带也不断密切，这也巩固了我们的关系基础。然而，由于地理距离，我们未能建立牢固的贸易和商业关系。

古巴为世界树立了榜样，展示了如何在逆境中凭借人民的决心和信心，推动可持续的经济发展，其中旅游业的蓬勃发展以及该国实施的社会保障制度，是经济发展最成功的表现。尼泊尔和古巴的地理位置相距甚远，这在某种程度上限制了我们与古巴的整体交往，但现代技术的发展和交通系统的革命使世界变成了一个地球村，地理距离不再是传统意义上的障碍。有许多方法可以促进和增强我们两国和两国人民之间的伙伴合作、互利共赢。我们感谢古巴政府和领导人在 2015 年尼泊尔发生大地震时向我们派遣医疗团队并提供帮助。古巴的支持是及时、自发和真诚的。

尊敬的各位代表及和平倡导者们！

如今的世界秩序变得更加复杂和不确定，破坏多边主义和基于规则体系的趋势日益明显。单边主义和保护主义与我们共同追求的国际主义观点背道而驰。目前，国际体系尚未完全民主化，国际机构也未能免受强权政治的影响，公正、公平和民主的世界秩序仍有待实现。实现这一目标，需要全世界的进步力量共同合作。为了在我们的国家和世界其他地方促进和平、安全和发展的共同议程，我们之间的团结、统一和理解变得尤为重要。

我相信，这次和平与团结运动领导人的庄严聚会将提出具体的意见和建议，使世界成为更安全、更公正的地方，让每个人在不受任何干扰的情况下和平地、有尊严地生活。人类在已经走过的漫长发展道路过程中形成了平等和相互尊重的普世价值观。为了我们的共同利益，必须对其加以实践。主权平等是国际关系的根本基础。主权国家无论大小、贫富，皆为都是平等的，且将始终如此。不负责的国际角色是不合理的，没有义务的权利也是如此，正义应是国际行为的核心。让我们共同努力，促进团结和理解，以实现公正和民主的世界秩序，让古巴人民享有权利和自由。

谢谢！

16

尼泊尔一贯主张独立自主和不结盟的外交政策

[2019年9月时任尼泊尔共产党主席的普拉昌达阁下在尼泊尔伊拉姆市举行的新闻发布会上的讲话]

我们的外交政策是十分明确的，尼泊尔永远坚持不结盟的政策，永远不会成为任何权力中心中的军事联盟的一部分，保持不结盟的立场。首先，我们不会参与环孟加拉湾多领域经济技术合作倡议或印太地区军事演习以及任何可能影响我们国家性质的联盟，这就是我对尼泊尔的总理和外长所说的话。在对华关系方面，我们奉行一个中国政策，我们决不允许任何势力利用尼泊尔的领土来反对中国，我也一向按此行事。在印太地区，我们也不允许任何反对中国的情况发生。

这一宣传并不是以官方声明的形式从中国外交部传来的，而是新闻机构在撰写新闻的过程中发出的，所以它并不是政府的官方声明。另外还有一点，就是美国大使馆或美国国务院对此并没有提及，只有一名在那里工作的员工在外面这么说。我是根据尼泊尔的公开政策这么说的，而中国和美国都没有正式声明这一点，那些认为我在古巴、委内瑞拉等问题上偏向美国的观点的宣传也是不真实的。关于委内瑞拉，我已经说过，按照外交部的立场，委内瑞拉的问题取决于委内瑞拉人民的决定，外部不应干涉。至于古巴，全世界都站在它这边。联合国已经批准了反对对古巴的封锁和禁运。我请求实施安全理事会的这一决定，意味着我们在这件事上支持古巴，但我们没有必要激怒美国，因为我们与美国也有外交关系。在很多方面，双方都在努力加强我们的双边关系，我在访问美国期间曾与美国官员谈过这个问题。关于外交政策问题，我只讲了尼泊尔的外交政策，大家必须明确这一点。

党的合并问题已经基本得到解决，一些派系虽依然存在，但这些在未来也将得到解决。之前听闻尼帕尔与总理的关系有些紧张，但现在不是这样了。在书记处会议上，我们一致决定将党登记注册在选举委员会。正如尼帕尔所说，他和 K·P·夏尔马·奥利之间没什么大问题。会议之后，两者的关系变得更加和谐轻松。目前我们的重点是消除派系，专注于如何使我们的党更加强大。

我们与邻国达成的所有协议都有助于提高国家的整体地位，之前我们只是一个陆锁国，但现在已经是陆联国了，这将具有深远的意义。从经济发展看，我们的经济增长率已超过 7%。那些认为我们会失败的宣传是错误的。从乡村到联邦政府都已开始制定基础设施发展计划，预计在政府的任期内将得到期望的结果。

当然，我们确实没有达到人民最初的期望，我建议党发起一次活动，向人民群众明确说明当前的状况。我们的党派无法向政府提供指导，是因为我们正在更多地关注党的内部问题。我们正致力于改善这种情况，并带着发展议程走向群众，现在本届政府也将推进新的战略。

我们注意到了一些针对联邦民主制度的不良事

件，但不能妄言联邦民主制度会给国家带来更多风险。这部由人民制定、体现人民基本权利的宪法，绝不会被反动势力所削弱。但我们必须严肃对待那些支持专制历史、寻找机会扰乱他人、公开在机场宣扬君主制、高呼反对共和国口号并且诅咒领导者的团体及倾向。我们需要让人民意识到，此类集会活动会给繁荣之路设置障碍，但这并不意味着我们的宪法存在问题。总理召开全党会议，所有人都表达了对这部宪法和共和国的承诺与决心。我们有制宪会议的主席出席这次会议。宪法规定了绝对的自由，现在将根据宪法精神，对媒体委员会的相关章程进行修改。我们的政府致力于民主的规范和价值观。宪法是我们制定的，我们不应该违背它，然而，哪个国家会允许其公民四处侮辱总理，散布丑陋的、不受控制的谣言并误导其他群众？民主的认同和尊严是截然不同的，如果其他党派掌权，可能会出现这样的情况吗？我们正考虑如何让新闻自由在体面的同时得到规范化的管理。这并不意味着我们要成为控制媒体和舆论的独裁者，如果有关媒体委员会的法案有任何缺陷，我们愿意作出修正。

党内没有人反对多党人民民主制度和 21 世纪民

主，我们都受到社会主义倾向的人民民主的约束，我们也无意在下次大会上更改这一事实。

至于政府，这是党和领导层的共识问题。我们在党内团结的某些方面达成了一致，但从当前的情况来看，我们并没有试图削弱政府。党的合并要确保落实并办好。如能做到的话，正如我多次所说，我们对这届政府执政五年没有任何异议。按照人民的意愿，政府必须迅速发挥作用，党员们也都赞成党的合并。对于我们来说，这不是职位问题，我说过选举后的政府将由奥利同志领导。选举之后，我被邀请担任整个任期的总理，但我没有接受该提议，所以那些说我急于成为总理的观点是盲目且武断的，因为很难找到像我这样态度慷慨的人。政府运行五年，国家和历史需要创新地思考并向前迈进，为此，合作和共识才是第一要务。我们已与尼泊尔联邦社会主义论坛（Federal Socialist Forum, Nepal）达成三点共识，认为宪法的某些内容是可以根据需要修改的。宪法仍然是党的政策，但可以被修改。这就是联邦社会党所关心的问题。宪法修改不应该被牢牢固定在任何特定的时间点，而是可以根据时代需求来修正。

17

在维护国家独立自主和领土完整的伟大征程中，我们一路行至今日

[2020年6月13日时任尼泊尔共产党主席的普拉昌达阁下在议会发表的演讲]

近年来，在追求和平与变革的进程中，尼泊尔人民、政党和领导人不断培育新的文化传统。在关于国家和历史的重大问题上达成协议和共识，结束了僵局并加速国家发展。

在过去，无论是和平进程、制定宪法，还是面对由自然灾害引发的困难，特别是那次毁灭性的地震，我们都树立了一种合作共识和对国家的深切责

任感，以便为民众的生活带来进步。总的来说，在涉及领土完整的问题上，我们正在收复那些在封建时期，特别是在专制的潘查亚特初期失去的领土。在共和制时期收回封建君主制时曾经失去的东西，这是这届议会值得骄傲的历史成果。今天，作为这一连续进程的里程碑，我们已经走上了第二次修宪之路。我与全体尼泊尔人民、尼泊尔政党和民间社会一道，在此刻感到非常自豪。我相信，我们会坚定立场，直到做出最终决定。我谨代表我的党和我本人，祝贺所有政党和领导人，包括在座的所有议员，实现这一历史性的团结。我相信在未来的日子里，我们一定能够强化经过不懈奋斗和牺牲而建立起来的联邦民主共和国，带领人民走向安居乐业、发展繁荣的新时代。

我没有长篇大论要说，但我想强调，尼泊尔在政治变革的历史进程中会面临两大挑战。一方面，尼泊尔人民和尼泊尔政治运动必须与封建专制及其经济、社会、政治和文化方面的弊病作斗争。同时，我们也必须接受以任何名义建立民主所带来的挑战。从反拉纳运动（Anti-Rana movement）到我们2006 年的人民战争和人民运动（People's Movement

II)以及整个和平进程,尼泊尔人民基本赢得了这场战斗,进入了共和、民主、联邦的包容时代。尼泊尔人民当前的主要问题是加强国家独立性和维护领土完整,建设国家并摆脱各种形式的外国干涉势力,这是历史赋予尼泊尔人民的庄严责任。我认为,我们是在经历了历史性决策的伟大运动以及第二个历史性挑战和民族独立的伟大斗争之后,才达到了今天的地位。

总理阁下前天在这里提出的问题不仅是单一政党的问题,也不是任何政治领导人或特定政治党派的问题。从更大的层面上说,它们是所有尼泊尔人的问题。这不是为个人取得功劳或荣誉,而是尼泊尔人民长期以来为这场伟大历史运动所做尝试的共同表述,我们已经为此讨论了很长时间,如今已经进入了一个新的阶段,收复失地会成为这场长期争论的焦点。如今我们就这一严重而敏锐的国家问题达成了协议,并为此做了多种尝试。我要感谢总理阁下和尼泊尔政府认真负责地凝聚全国共识,通过宪法修正案来重新规划地图,并在国徽上加以体现。我衷心感谢和祝贺各政党、民间团体和全体尼泊尔人民,因为这些成就单凭一己之力是无法办到的,这是我们共同智慧的成果。

政府在议会登记尼泊尔地图的问题后不久，我打电话给总理，想为这个问题提供一些建议。因为这实际上是一个具有重要而且意义深远的问题，对这个问题进行认真的思考和讨论，才更容易就这个问题达成全国性的共识。巧合的是，当我对总理提出这些建议时，他说他正好也在计划与我讨论组织全党会议的事宜。

我在全党会议上提出，自 1990 年的历史性政治运动以来，我们对潘查亚特专制进行了近三十年的和平和暴力斗争，这些斗争给尼泊尔社会带来巨大的变革。1990 年以后成立的历届政府都与印度就修改不平等双边条约和协定的问题进行了对话。2006 年之后，来自不同政党各届总理与印度就尼泊尔的领土和边界问题进行了认真的讨论，这些问题在联合新闻发布会和协议上都曾提到。自 1950 年以来的各种政治运动之后，尼泊尔人民对国家意识和领土完整的敏感已经达到了一个新高度，我在各党派会议上一再强调，这是大家都应该高兴的事情。因此，今天我们有机会夺回失去的领土，并与印度从新的角度开始政治和外交对话，尽其所能地寻求一种简洁且可持续的解决方案。因此，所有近来与印度进行对话的尼泊尔总理都认真地提出了这一议题，印度和尼泊尔之间达成了某种协议，双方都意识到关于在里普列克（Lipulekh）、林皮亚杜拉（Limpiyadhura）、卡拉帕尼（Kalapani）和苏斯塔（Susta）存在的边界争议以及解决双边边界问题的紧迫性。印度和尼泊尔都承认在这些地区存有争议。印度发布了与克什米尔争议有关的新地图，我认为，印度发布新地图是为了解决克什米尔长时间以来的内部问题，其意图可能不是为了让尼泊尔尴尬。印度想要强调其在克什米尔问题上的决定，但其发布的地图却引发争议，因为印度在新地图中纳入了尼泊尔的领土。既然存在争议是大家的共识，印方应与尼方就有争议的领土进行磋商。

作为尼泊尔总理，我在访问印度期间与印度官员讨论了1950年条约以及卡拉帕尼和苏斯塔的问题。双方围绕边界争议，已经成立了秘书处级别的联合委员会来，开始解决这一争议。

有人一再提议，先在已基本解决问题的区域，声明其边界问题已得到解决，而将卡拉帕尼和苏斯塔地区作为仍有争议的地区暂时搁置。尼泊尔不会同意这个提议，声明无明显问题的边界已达成的协议而留下悬而未决的主要问题地区，是没有任何意义的。我想在本届议会中坚持一个观点，那就是尼泊尔的立场是希望全面解决边界领土问题。因此，印度发布新地图时，新的问题就成为焦点。幸运或巧合的是，就在那时，尼泊尔共产党的书记决定扩大我的执行职责。我在 12 月召集了中央执行委员会的会议，在 1 月召开了中央委员会会议。在这些会议之后，我们随后也发布了尼泊尔的地图。

我们决定发布包括卡拉帕尼、林皮亚杜拉、里普列克地区和合法领土在内的尼泊尔地图，以免尼泊尔人民对于领土产生任何混淆的感觉。作为我们党的主席，我向我们的下一任党主席和总理阁下通报了我们出版地图的决定。因此，地图问题并非刚刚成为关注的焦点。在印度发布其地图时，我们有责任和义务发布我们这边的地图，包括我们在《苏高利条约》下的历史地图。自那时起，我们就参与了这一过程，总理目前正在谈论这件事。而我想在庄重的议会和尊敬的议长面前重申，政府必须加强与印度的对话沟通，并发布地图。我与总理一起查阅了与印度方面的外交记录，其对话是以认真负责的方式进行的，双方还提议进行总理级别的政治对话，但也强调应该在联合委员会层面先进行严肃的讨论。我相信很快就会进行相关对话。如果能在发布地图之前进行对话并找到解决方案的话，那将最好不过。我曾坚信在激烈的讨论中会出现各种各样历史性的替代方案，但遗憾的是相关对话尚未启动，政府定期向我通报来自印度的各种函件，其中却没有有关边界会谈的任何资料。而在印度方面，印度政府的一名负责人和部长在疫情期间前往尼印有争议的领土，并为道路建设项目举行了启动仪式。尼泊尔提出了解决该问题的提议，但印度方面没有采取任何积极行动，而是选择开通前往玛旁雍措湖的道路，此举引发了尼方的焦虑，尼泊尔人民认为印度此举是为了挑衅、激怒尼泊尔人民。故此，我在全体会议上说过，现在我想在这里重复一遍，印度在地图发布后启动道路建设项目，这一系列行为使尼泊尔人空前团结起来，这一负面的挑战，燃起了我们夺回失地的斗志。我要为此感谢印度的部长和印度的领导人，你们让我们奋起履行我们的历史责任。如果你们没有这样做，我们或许会寻求其他方法来解决这一问题。我们正在考虑通过对话和会谈寻找出路。现在，我们正处于修改宪法的时刻，这并不意味着我们试图与印度产生敌意，我们始终希望能通过外交方式和平地解决问题。

我们政党的领导人也不愿面临这种境况，如果在之前能够解决问题当然更好。我们并不是没有进行尝试，而是尽了最大的努力。今天，通过宪法修正案，我们按照新地图更改了国徽。但是我们仍想真诚地说，我们希望与印度友好相处，我们希望能与我们的好邻居走向新的关系并重铸友谊，我们希望尼泊尔走进发展和繁荣的新时代。所以我想说，今天议会将通过新的修正案，但这并不是为了与印度疏远，相反，我们希望尽快进行谈判和对话，希望印方能够根据历史事实、统计数据和史料举证来解决边境领土争端，并为建立友好关系创造环境。我谨代表尼泊尔共产党提出我们的愿望——我们希望与邻国建立平衡和独立自主的不结盟外交关系，满足尼泊尔人民对繁荣和发展的愿望。尽管我们属于不同的政治党派，有不同的政治和意识形态立场，遵循各自的理论原则，但我们在重大国家问题上达成了共识。所有尼泊尔人，不论种族、阶级和性别，都团结在一起。我们展示民族团结，并不是为了使印度感到不安，而是希望印度能以正确的方式理解我们的问题。我们希望印度能理解、尊重并认真考虑尼泊尔人民的意愿，说到底，问题是可以通过对话和谈判来解决的。我们都知道，进一步使问题恶化对任何人都没有好处。我们既不踌躇不定也不幼稚冲动，我们不是那种为了自己特定的政治利益在这些敏感的历史性问题上为自己辩护的领导层。如果我们是这样的话，尼泊尔的诸多发展变化就不可能发生，我也不会成功地把尼泊尔作为和平的表率呈现给全世界，并将这些变革提升到现在的高度。如今，尼泊尔会再次向世界传达一个讯息，那就是每当国家问题横在每个人面前时，尼泊尔人民会团结一致地面对这座大山，这点我们昨日已经证明过，今天正在证明，将来也定会如此。我希望印度的政府、政治党派、政治领导人、知识分子和记者能够以严肃的态度考虑尼泊尔人民的愿望。我希望从现在开始进入对话和谈判的新时代，为问题的解决铺平道路。

我去议会的途中，我的同事告诉我，他们看到有些人举着这样的标语：各党无法建设国家，应让封建势力回来统治国家。诚如我前面所言，封建君主制时期所失去的领土现在正在由共和国收回，所以请永远保持警惕，永远不要使尼泊尔人的双眼蒙尘。在 21 世纪，经历过斗争和牺牲的尼泊尔人民不会被任何乱象迷惑。相反，我们将以国家的统一来解决这个问题，我们还要对抗正在全球蔓延的新冠疫情。作为和平协议的签署者，我记得当时七党联盟的代表吉里贾·普拉萨德·柯伊拉腊和我在这个大厅签署的协议。在苏希尔·柯伊拉腊任职期间，我站在同一个讲台上说，我不会采取反对政策，我们将站在一起继续前进，我们希望抚慰因地震饱受折磨的尼泊尔人民。那时我们呼吁团结，如今我想再次呼吁团结，现在是最需要展现国家团结的时候。

从对抗新冠病毒开始，我就一直在呼吁团结，但那时我似乎被误解了。我当时想说的是，如果有一个在总理领导下且包括政党、社会组织、记者媒体和知识分子在内的，并使联邦、省和地方政府可以合作的机构，就能以高效且正确的方式解决问题。最后我想再次强调，我们今天面临的任何问题和挑战都不可能在没有全国人民支持的条件下得到解决，故而我再次呼吁达成全国共识。

18

在尼泊尔共产党与中国共产党
视频会议上的讲话

[2020年6月19日时任尼泊尔共产党主席和尼泊尔前总理的普拉昌达阁下在尼泊尔共产党与中国共产党举行的视频会议上的讲话]

尊敬的宋涛阁下，

今天出席会议的中国共产党的同志们，同事们：

大家好！（Namaste, and ni hao）

首先，请允许我向宋涛阁下表示感谢，感谢您拨冗出席两个友好共产党之间的会议。我谨代表尼泊尔共产党和我本人，向中国共产党总书记、国家主席习近平阁下致以诚挚的问候。

尼泊尔和中国久经考验的睦邻关系以和平共处五项原则为指导。这种关系是在相互尊重、主权平等以及理解彼此核心关切和敏感问题的基础上发展起来的。相互信任、睦邻友好是我们两国关系的标志。我们可以自豪地说，尼泊尔和中国这两个面积、人口和发展阶段都有很大不同的邻国，彼此之间的关系没有任何问题。

尼泊尔坚定奉行一个中国政策，支持台湾和平统一。在香港问题、西藏问题和新疆问题上，尼泊尔坚定地支持中国。尼泊尔主张外部势力不得以任何借口干涉内政。尼泊尔共产党愿与中国共产党携手共进，实现共同发展、繁荣、和平与和谐。作为"一带一路"倡议的参与国，我们坚信"一带一路"倡议能够为尼泊尔这样的国家带来共同发展的机遇。我们可以在跨喜马拉雅互联互通的主题下，走共同发展的道路，发展跨喜马拉雅的命运共同体。

请允许我回顾习近平主席于 2019 年 10 月对尼泊尔进行的历史性的国事访问，这次访问预示着尼泊尔与中国之间的关系进入了一个新时代。两国已将关系提升为战略合作伙伴关系，为两国的发展和繁荣建立了持久的友谊，这体现了时代变化的需求。我开心地回忆起我与习近平阁下的那次会晤，那次会晤有助于根据两国人民和政府的愿望，结合本地区内外不断变化的前景，调整两国共产党之间的关系。在这次会晤中，我们讨论了扩大和深化党对党关系的方式方法，特别是我们同意互派代表团、开展联合培训，并在我们共同关心的双边、地区乃至全球问题上开展合作。按照访问期间达成的协议，我原计划于 2019 年 12 月率领尼泊尔共产党中央委员代表团访问中国，但由于尼泊尔总理的健康状况，访问不得不推迟。请允许我重申我的承诺，在新冠疫情造成的旅行不便结束后，在双方方便的日期，我们将尽快率领一个高级别的共产党代表团访问中国。

目前，尼泊尔正处于新冠疫情的暴发阶段。在经历了长达两个半月的封锁之后，感染新冠的人数急剧上升，这种状况主要是由于感染人群的跨境流入造成的，而我们国家与卫生和后勤相关的基础设施、人力资源都存在不足，疫情大规模爆发时的物资供应也十分有限。幸而我们得到了中国政府和人民在物质和道义上的大力支持。新冠疫情在尼泊尔出现的初期，中国的支持是非常关键的，在未来的日子里，这种支持对于我们更是至关重要。在抗击疫情的斗争中，我们完全信赖中国。无论是在地震还是在新冠期间，亦或是在社会经济发展的正常时期，中国的支持都是持续而宝贵的。我可以自信地说，中国和尼泊尔是患难与共的朋友。在这方面，我建议，我们可以在两党之间建立一个示范项目。

中国在遏制新冠疫情方面取得了巨大成功，损失相对较小。这一堪称典范的成功，是中国共产党在习近平阁下高瞻远瞩的决策和杰出领导下战胜高传染性新冠病毒的结果。疫情发生后，中国立即在武汉启动了人类历史上规模和力度空前的应对机制。事实证明，这是最及时、最恰当的措施，为全世界有效控制新冠病毒树立了新的典范。中国首次在春节第一天召开中共中央常委会会议，充分体现了习主席对新冠病毒防治的重视。在这场人类与无形敌人的战争中，中国共产党领导的中国人民所表现出的团结、坚韧、牺牲、奉献和担当值得高度赞扬。我谨向遇难者家属表示衷心的哀悼，并对新冠疫情所造成的宝贵生命损失和巨大痛苦向我们两国以及全世界人民表示同情。我还要赞扬前线服务人员，特别是医务人员，他们秉持着谦卑与同理心，为需要帮助的人们提供帮助，做出了巨大的牺牲。几千年来，尼泊尔和中国社会从释迦牟尼佛和孔子那里继承的社会文化价值观中，慈悲是其中不可或缺的一部分。

各位阁下！

当今世界正面临着最严重的新冠疫情肆虐的危机，它已经席卷了整个世界，给人类带来了巨大的痛苦。病毒不分国界、民族、种族，也不分经济、社会和政治制度。遗憾的是，在数百万人面临新冠疫情带来的巨大苦难时，一些国家和媒体仍然忙于将疫情政治化，抹黑某些种族、面孔、地域、国家或民族。我们认为，这种将疫情政治化而不是采取适当措施遏制病毒传播的行为，会进一步加剧病毒性流行病给人们带来的痛苦。现在不是将病毒政治化的时候，世界需要一致的声音、措施和对策来应对这一病毒，构建人类健康共同体恰逢其时。

在这方面，我要赞扬中华人民共和国对全世界抗击新冠斗争提供的大规模支持，这种支持既包括发展中国家，也包括发达国家，既包括邻国，也包括距离中国较远的国家，其中当然也包括尼泊尔。我们相信，中国的经验、能力和支持所有受新冠影响的国家的意愿，是对包括尼泊尔在内的全世界的巨大安慰。中国的持续支持对于拯救生命以及控制病毒在全球进一步传播至关重要。中国领导人已经证明，今天的中国有能力也有意愿在处理全球人道主义危机方面发挥适当作用。新冠疫情后引发的经济危机，对全世界来说都是极具挑战性的问题。面对这一挑战，不同民族国家的人民之间可以相互协作、相互理解、相互帮助、相互分享和相互关怀。任何一个国家都无法独自应对新冠疫情后巨大的社会经济挑战。尼泊尔是一个处于初级发展阶段的国家，抵御内部和外部冲击的能力有限，需要大规模的支持和更多的帮助来实现社会经济复苏。尼泊尔奉行不结盟的外交政策。因此，我们欢迎任何尊重尼泊尔主权独立和不结盟政策的友好国家提供发展支持。任何与我们的宪法相违背或是与军事联盟相关的附加条件，都是无论如何不能接受的。尼泊尔共产党在执行外交政策时充分认识到了这一点。我们希望通过对话来解决与任何友好国家的双边问题，而对话应建立在主权平等、相互尊重和理解的基础上。我们认为，在文明世界里，胁迫、恐吓和任性不应在解决国家之间的冲突中发挥任何作用。

各位阁下！

我很高兴地注意到，近年来，特别是在"一带一路"倡议签署之后，尼泊尔与中国之间，中央、省、市层面的合作以及工商界、文化界还有非政府组织、智库和民间的交流都在不断深化和扩大。我们致力于在习近平主席提出的"一带一路"倡议的大框架下开展合作，在喜马拉雅地区建立一个共享未来的共同体。

我向你们保证，尼泊尔共产党和尼泊尔人民将与以习近平为核心的中国共产党保持团结一致，共同应对迫在眉睫的全球新冠疫情问题以及未来的经济复苏、全球冲突、环境危机和贫困等全球性问题。

衷心祝愿中国人民在以习近平同志为核心的中国共产党领导下，继续朝着更加和平、繁荣、发展的方向阔步前进，实现两个一百年奋斗目标。我还要衷心祝贺中国共产党建党 99 周年和中尼建交 65 周年。

我再次感谢习主席为促进我们两国共产党之间的关系所做的贡献，并期待着早日与您会面，继续与您和中国共产党的其他代表共同努力。预祝本次会议圆满成功！

谢谢！

19

在中尼建交65周年和中国共产党建党99周年之际发表致辞

[2020年时任尼泊尔共产党主席的普拉昌达阁下在中尼建交65周年和中国共产党建党99周年之际发表的致辞]

　　大家好！（Namaste, and ni hao）

　　2020 年是尼中两国建交 65 周年，也是中国共产党建党 99 周年。在这个特殊的日子里，我向两国人民和领袖表示感谢，感谢他们在 65 年里发展的友好关系造福了两个国家和人民。

　　我们可以自豪地说，尼泊尔和中国这两个面积、人口和发展阶段不同的邻国之间的关系没有任何问题。尼泊尔坚定地奉行一个中国政策，支持台湾和平统一。在香港问题、西藏问题和新疆问题上，尼泊尔坚定地支持中国。尼泊尔主张外部势力不得以任何借口干涉内政。

今年是中国共产党成立99周年。在这个特殊的时刻，我谨代表尼泊尔共产党和我本人，祝贺中国人民和中国共产党的全体同志在过去的70年里为中华文明的伟大复兴和建设中国社会所取得的巨大成就。中国共产党有着反帝、反封建、反侵略、反扩张的革命历史。新中国成立70年来，在中国共产党的领导下，八亿人摆脱了贫困，取得了人类历史上前所未有的成就。中国在社会文化和经济领域取得的成就以及人民生活的显著改善，都是中国共产党卓越领导的无与伦比的例证。

在习近平阁下高瞻远瞩的决策和杰出领导下，中国共产党取得了抗击新冠病毒的决定性胜利，中国在遏制新冠疫情方面取得了巨大成功。在武汉推出的规模空前、力度最大的紧急应对措施已被证明是及时的，为全世界有效控制新冠疫情树立了新的典范。在中国历史上，中共中央常委会会议首次于春节的第一天召开，充分体现出习主席对新冠疫情防控斗争的重视。在这场人类与无形敌人的战争中，中国共产党领导的中国人民所表现出的团结、坚韧、牺牲、奉献和担当精神值得高度赞扬。

在尼泊尔抗击新冠病毒的过程中，我们得到了中国政府和人民在物质和精神上的大力支持，这种支持对我们今后的工作也至关重要。

尼泊尔共产党希望与中国共产党共同努力，促进整个地区的共同发展、繁荣、和平与和谐。作为"一带一路"倡议的，我们坚信"一带一路"倡议能够为尼泊尔这样的国家带来发展的机遇。我们可以在跨喜马拉雅互联互通的主题下，走共同发展的道路，发展跨喜马拉雅的命运共同体。

我可以自信地说，中国和尼泊尔是患难与共的朋友。我赞扬中国共产党总书记、国家主席习近平阁下为把尼中关系推向新高度所做的历史性贡献。

尼中睦邻友好万岁！

尼泊尔共产党和中国共产党友谊万岁！

20

国际关系：尼泊尔与世界秩序

[2022年8月28日时任尼泊尔共产党（毛主义中心）
主席的普拉昌达阁下在尼泊尔政策研究所举办的
"国际关系：尼泊尔与世界秩序"国际研讨会闭幕式
上的讲话]

主席先生，

尊敬的副议长，

尊敬的各位代表，

朋友们，女士们，先生们：

首先，我很高兴能够参加这次重要的国际研讨
会并讨论"国际关系：尼泊尔与世界秩序"这一至
关重要的话题。因此，我十分感谢尼泊尔政策研究

所 (Neeti Anusandhan Pratishthan) 能组织这次研讨会，并讨论尼泊尔与国际关系中如此重要的问题，也感谢他们能邀请我作为闭幕式的嘉宾。

全球秩序正在飞速变动，国际关系也在动态发展，这次研讨会是对此进行讨论和探索的重要平台。国际形势的变化给我们带来了机遇与挑战。在此背景下，我们的重点应该是制定和执行政策时如何更好地理解这些挑战和机遇。我国外交政策的根本目标应是有效应对当前的挑战，利用当前全球体系变动的机遇，为我们国家和人民的需要和利益服务。

这个研讨会开得很及时，选的主题也很恰当，这让我十分欣赏，所以我预计这次研讨会将产生深远的影响，并拓展我们对邻国乃至广泛国际舞台上发生的新变化的认知，从而指导我们的外交政策和对于国际关系的调整。我相信，今天在座的各位一定会提出一些创新的想法和建议，这些建议对我们在战略上规划未来的对外政策、把控国际关系方向以及从周边和世界形势发展中获取最大利益，都是十分有益的。

我国宪法明确规定了外交政策的目标和优先事项，即力求通过维护主权、领土完整、独立自主、促进尼泊尔的经济福祉和繁荣来增强国家尊严，并为全球和平、和谐与安全做出贡献。

宪法的指导原则规定：国家应在主权平等的基础上维护国际关系，以提高国家在国际社会中的尊严，同时维护尼泊尔的自由、主权、领土完整和独立以及国家利益。而国家政策中外交的优先事项被定义为：以《联合国宪章》、不结盟原则、和平共处五项原则、国际法和世界和平准则为基础，奉行独立自主的外交政策；考虑到国家的整体利益，同时积极维护尼泊尔的主权、领土完整、独立和国家利益；审查过去缔结的条约，在平等互利的基础上缔结条约、协定。

宪法还指导我们在以下原则基础上执行外交政策：相互尊重，尊重对方主权和领土完整，互不干涉内政，相互平等尊重，互不侵犯，和平解决国际争端，互利共赢，恪守《联合国宪章》，珍视世界和平。我们正是在宪法原则、优先事项和指导方针的基础上进行国际关系、对外政策和外交活动的。

尼泊尔居于重要的地理位置，这使其具有更大的地缘政治地位。随着 21 世纪的到来，国际力量和地缘政治都发生了巨大的转变，亚洲正在成为国际力量的中心。所有的预测都认为，21世纪将是亚洲世纪，而亚洲地区的国家，特别是中国和印度，将借助其地理面积、经济和人口增长在该地区发挥更大的作用。当前中国已经是第二大经济体，印度是第五大经济体，中国和印度都在快速而坚定地向世界主要强国迈进。

中国和印度的飞速崛起是包括尼泊尔在内的所有亚洲人的骄傲，因为我们的邻国不仅是世界大国，还是全球关注的焦点。这也是尼泊尔从两国发展中受益，从而摆脱赤贫、摆脱大规模失业和落后的机遇，当然，发展是一个漫长的过程，需要有卓识的远见、持久的耐心、持续的政策和坚定的决心。我们这两个伟大邻国所取得的发展成就并非一蹴而就。它们是通过人民的艰苦奋斗、领袖的远见卓识、发展的持续和可持续的发展政策取得的。在实现现代化和发展进步的道路上，中印两国人民都做出了牺牲，经历了许多坎坷。他们在通往繁荣道路上的轨迹和经历可以为我们所有人提供很好的借鉴，我们可以也应该从他们的经验中获益。

十年前，我曾提议在尼泊尔、印度和中国之间建立一个和平、发展与合作的三边框架。尼泊尔不

仅仅是一个缓冲国，而且可以成为印度和中国之间
充满活力的桥梁，因为我们不但了解他们的核心关
切，并且长期注重和解决他们关切的问题。如果尼
泊尔、印度和中国建立三边框架，将对该地区乃至
整个世界产生深远影响。

这是一个全球化的时代，我们无法逃避。在全
球化时代，所有国家都是相互联系的，国家不可能
孤立地繁荣发展。而全球化也是一个合作发展的时
代，只有相互协作，我们才能繁荣昌盛，加强国家
间的合作，是和平、发展与繁荣的根本基础。

尼泊尔没有敌人，只有朋友，我们一直保持与
世界各国的友好合作。我对我们今后继续进行这样
的合作持乐观态度。因为只有通过相互合作，才能
解决多重问题和矛盾，以应对全球性的挑战。新冠
疫情暴露出我们有多么脆弱，它迫使我们发出更加
需要相互合作与协作的强烈信号。

国际秩序已经发生巨大的变化，世界正缓慢地
从单极走向多极。尼泊尔一直是多极秩序的倡导者。
正如我们的宪法所述，我们坚持《联合国宪章》精
神并在处理国际关系中坚持不结盟原则。

我们生活在一个多重矛盾相互交织的时代。全

球南方国家饱受贫困、不平等和落后之苦，尚未从全球化中获益。现在，包括尼泊尔在内的南方国家应该探索一切可能性，以期从新的全球格局和发展现状中获益，从而实现共同进步和繁荣发展。和平稳定是繁荣发展的根基，尼泊尔是一个和平的国家，它提倡国内和平、世界和平。因为只有在和平与合作的条件下，我们才能在繁荣与现代化的道路上不断前进。

谢谢！

21

寻求众议院信任投票的演讲

[2023年1月10日时任尼泊尔总理和尼泊尔共产党（毛主义中心）主席的普拉昌达阁下在众议院为其第三次出任总理后寻求信任投票演讲]

尊敬的议长先生：

在新选举组成的众议院举行的庄严会议上，我谨向各位尊敬的议员致以最诚挚的问候，并祝愿各位任期顺利。本届议会所依据的宪法是在成千上万的烈士和失踪、受伤的战士以及数百万勤劳的人民奉献、牺牲和抗争的基础上取得的。故而，我首先要向他们表示感谢，并对他们的坚定信念表示敬意。其次，他们的牺牲时刻警醒着我们，他们的信念也不允许我们软弱和动摇。

根据尼泊尔宪法第 76 条第二款之规定，随着新的众议院的成立，由我领导的政府在各政党的参与下成功组建。感谢各方对我的信任，今天来到众议院，我作为总理希望寻求大家的信任投票，以实现社会正义、善治和繁荣。

议长先生！

作为总理，我将致力于加强民主政治中的共识、合作与互信，而非否定、侮辱或报复。在我国，任何重大的变革都是在左翼和民主力量的共同努力下实现的。这两股力量的合作使得长达一百零四年的拉纳政权和长达三十年的潘查亚特专制得以终结，而《十二点协议》《全面和平协议》、制宪会议和联邦民主共和国，也都是我们合作的成果。当我们的国家处在危急时刻的时候，左翼和民主力量也会走到一起。当我们团结起来，国家就会快速前进，当我们形成矛盾与分裂时，国家则可能陷入危机。2015 年大地震时，苏希尔·柯伊拉腊担任总理，我是反对党领袖。我当时在议会上表示，在这危机时刻，议会中不应有反对党。虽然我是反对党领袖，但我不仅致力于灾后的救援与重建，而且还努力推进各方在制宪问题上达成全国共识。我十分自豪，因为这些努力给国家带来了令人满意的结果。

国家仍然处于危机之中，如果小的危机没有得到及时妥善处理，那么巨大的灾难就会来临。当前我国的经济指数不容乐观，作为总理，这当然是我的责任。为了让五百万尼泊尔人民摆脱绝对贫困，左翼和民主力量必须团结起来。我们需要通力合作，这样才能让数百万年轻人从国外回国，并让他们在自己的国家过上有尊严的生活。现在我们需要由人治转向法治。如果我们想要让国家发生翻天覆地的变化，就必须积累约六万亿尼泊尔卢比的发展预算。为此，我们应该开展基于信任的合作。当民族问题、国防安全、外交政策、重大财政问题和战略基础设施等国家根本问题成为优先事项时，除了达成国家共识，我们别无选择。今天，虽然《全面和平协议》的签署人之一吉里贾·普拉萨德·柯伊拉腊已离开了我们，但协议中的剩余任务依旧需要我们来完成。我认为，我们之间的共识是完成这些任务的必要因素，只有这样才能使协议的落实达到合理预期。请铭记这段动荡的历史，为了国家的善治与繁荣，还有快速发展的经济革命，我想呼吁全国人民团结起来，共同将尼泊尔转型的消息传遍全世界。

议长先生！

这一次，我站在议会的演讲席上，带着强烈的自我评价与自我反思。此前，我已经担任过两次任期各九个月的总理。[7] 今天，我毫不犹豫地承认，在第一个任期内，我既没有经验，也没有团队。当时的我心态十分割裂，并且每日忙于处理党内斗争。那时我一边学习，一边反对外部干涉，最后在一种不愉快的情况下辞去总理职位，但我当时启动的项目，如中部山区公路、南北走廊、贫困农民信贷豁免和快速电气化等，都对我们的国民生活产生了一定影响，这让我在一定程度上感到满意。

我的第二个任期开始时，国家对外关系正陷入困境，马德西处于骚乱之中，大多数人也都在怀疑宪法能否成功实施。通过修改宪法，我为马德西创造了一个信任的空间，而成功的地方选举巩固了人们对宪法有效实施的信心。任期内，国家经济增长率超过 7%，物价也得到控制，这实际上构成了一个

7　译者注：普拉昌达 2008 年 8 月宣誓就任总理，2009 年 5 月宣布辞去总理职务。2016 年 8 月第二次当选总理，2017 年 5 月辞去总理职务。

经济的标杆。当我的任务完成之后，我真诚地遵守了政治协议，移交了政府领导权，就这样，我在我国政治层面又树立了道德的标杆。我认为我当时短暂的任期是成功的，并且足以载入史册。今天，我又一次站在庄严的议会舞台上，第三次以总理的身份请求进行信任投票。

我已经说过，这次我带着不同的决心站在这里，如果我能成功获得信任投票，我将在任期开始时真诚地自我反省，并承认我们这些政治家在某些方面曾经犯过错误。如果没有当时的错误，数百万尼泊尔青年就不会在国外辛苦工作，他们本可以在国内与家人一起享受生活。同样，五百多万尼泊尔人也不会陷入多重贫困，我们的大学也不会处于危险境地，甚至到了无法制定校历的地步，教育和卫生部门亦不会脱离国家控制，各种发展项目不会陷入停滞的泥潭，更不会出现无法为球员提供相关设施，甚至无力提供充足饮食的状况。民众现在对我们有一种不满情绪，我们不要试图掩盖这一事实。我希望在座的各位能投下信任的一票，让我们承认这一事实，并在任期开始之后共同改变这一事实。

议长先生！

支持本届政府的各政党已就最低共同纲领达成一致，它将成为本届政府运行的基础。在这里介绍所有的细节可能比较繁琐，因此，请允许我简要介绍其中的一些优先事项。政府决心在六个月内使所有尼泊尔公民获得身份证明，身份证件将在一年内发放完毕。政府决心进行政策和结构改革，以实现政府善治、高效和繁荣，此后将致力于司法机构的优化和改革以及打击腐败。我想在此再次重申我的承诺，即组建一个包括专家在内的高水平工作团队，以建设高效、专业并以人民为出发点的民政管理和安全机构。为打造高质量的公共服务，提升当前的行政水平，我将在本届议会提出十几项新的立法法案和法律修正案。同时，对腐败零容忍，提供简单便捷的服务，推行政府行政考勤制度以及政府办公室的在线服务，也将是本届政府的优先事项。

我必须在议会上明确指出，我们今天的经济状况并不乐观。目前，全球三分之一地区都面临着经济危机。美国、欧洲和中国的经济增速甚至已经放缓。物价上涨、乌克兰战争、新冠疫情和贷款利率上升，也对我们产生了影响。

国内财政指数也不容乐观，税收目标只完成了

25%，包括赠款在内的收入来源只完成了 27%，经常支出约为 33%，资本支出仅为 11%，外国赠款目标只完成了 6%，甚至所得税的征收也未达到既定目标。由于税收微薄、入不敷出，整个财政管理周期陷入混乱。尽管如此，我们仍然决心在未来五年内通过重大改革将经济增长率提高到两位数。所以，我想在议会上表明我的决心，并希望得到所有人的全力支持。

根据经济振兴计划，我的目标是通过打造投资友好型环境和增加资本支出来扩大经济活动，并保持整体经济稳定。为了解决目前银行系统流动性萎缩的问题，我们将采用财政和货币政策手段。为了应对外汇储备缩水带来的压力，我们将改善流动性低迷和贷款流量，增加对经济基础设施发展的投资，改革市场环境，使资本更容易用于投资。同时，我们将通过合营的方式来促进储蓄并强调个体创业和创收计划。

尊敬的议长！

我第二次担任总理时，我们国家每天都有二十个小时处于停电状态。断电影响的不仅是工业部门，普通百姓的日常生活也陷入了极大的困境。在此背景下，尼泊尔宣布开展"光明尼泊尔运动"，一些变电站分三班二十四小时运行。停电已经成为历史，这种成功不仅消除了黑暗，而且使整个国家充满自信。如今，尼泊尔电力局正在盈利，我们甚至可以出售电力以赚取外汇。但我想问，为什么道路不能昼夜繁忙？为什么建筑工地不能全天候工作？我在此向议会保证，我们在尼泊尔电力局学到的经验可以用于所有基础设施部门。我们的发展项目多年来一直没有完工，项目成本和工期的不断增加已经到了不能容忍的地步。为此，在修订某些法律的同时，我们将同时推进政策改革。

节约行政开支，严格规范预算，落实公共开支，提高生产效率，严控税收流失，是政府的优先事项。为促进公民纳税和遵守税收规则，我们将采取措施并加强监管。在选择公共贷款时，我们将突出长期性。同时，我们还将坚持在国企进行管理改革和业务扩展。我们致力于将尼泊尔打造成为一个具有吸引力和竞争力的投资中心，并通过工业、财政和货币政策之间的协调调动经济的积极性。我们还希望通过财政、货币、资本市场、合营、保险和私营公司之间的协调来促进外国私营企业的投资。为此，政府要优先进行政策、机构和流程方面的改革。

　　税收管理将有利于纳税人，我们将努力杜绝逃税现象以及进口业务中的低定价、非法进出口业务、走私和亨迪（hundi）业务[8]，并使税收更具累进性和商业友好性。为保持经济稳定，我们将推动产业政策、财政政策、税收政策和货币政策相互配合。我们决心在政府、私营、合营和社区部门的参与下，加快营造经济快速发展的环境。我们将通过法律、程序、制度和结构改革，吸引外国投资，同时为了管理汇率风险，我们将启动可靠的对冲服务，并尽快提高主权信用评级，我们还将解决国外业务不景气的问题并坚持扩大出口。

　　政府将优先考虑国内生产，发展国家资本并努力实现经济自立。还将优先考虑基于国内原材料和进口替代商品的生产，同时会对能够创造就业的部门增加投资。

　　政府将通过以农业、自然资源、知识和高科技为基础的产业促进工业生产，从而增加出口。资金匮乏并不会阻碍工业发展。政府将优先进行政策和

8　译者注：一种绕过合法银行系统的非正式跨境汇款系统。

结构改革，营造专业和投资友好的环境，并为海外尼泊尔侨民（NRN）在尼投资创造便利条件。在公司注册过程中，将确保其从开始就获得各种许可，并提供时间表。同时还将建立"工作岗位计量表"，以衡量自营企业、创业企业和其他企业创造的就业机会。

议长先生！

媒体上每年都会出现化肥短缺的新闻。今天，我将在议会做出承诺，我们将根据供应链的需要及时采购化肥，并筹备建立化肥厂。政府将优先颁布教育部门的全面总体规划。我们决心彻底改变公共教育。自此以后，大学将按照校历运行，我们不会再容忍此前那种危险状况再次发生。我们将在各省建立相应的基层医院、专科医院和医学院。政府决心为优质卫生巾和优质产科服务提供预算保障。我们致力于增加医生数量，为了吸引医生和护士为政府服务，还将对他们的福利和配套设施进行调整。同时，为解决卫生工作者和专业工作者的关切，政府将着手修订《劳动法》。我们还将成立主管部门，以保证所有部门的医疗服务质量。

食物、住房和清洁的饮用水将被视为人民的基本权利。在未来三年内，特莱 - 马德西地区将有三十万公顷的土地通过地表和地下灌溉系统获得灌溉便利，而灌溉用电价格将得到更多补贴。通过扩大电力生产和出口，提高经济增长率，减少对燃料的依赖。对于家庭用电，在雨季每月免费提供 50 度，在冬季每月免费提供 30 度。政府的目标是在未来五年内发电 6500 兆瓦，人均用电量达到 700 千瓦时。我们还将修订电价，并在一年内将电力普及到所有人。

未来五年，600 万尼泊尔人，包括老年人、达利特人、寡妇、残疾人、濒危种姓以及来自指定阶层和地区的儿童将获得社会保障津贴，同时，津贴将随着经济增长而增加。五年内，每月最低津贴将达到 2.5 万尼泊尔卢比。国外侨民就业将获得保障与尊严，为解决他们的后顾之忧，政府将成立帮助小组，并提供热线服务。为控制因行政失灵和协调不力而造成的商品人为短缺、黑市销售、商业垄断等影响政府治理的活动，我们将及时解决人民的关切，在相关部门代表的参与下定期进行联合监督，并执行总理监督方案，而且政府保证向社会边缘群体提供福利保障。

议长先生！

没有人会自愿或乐于变得贫穷或失去土地。人之所以贫穷，是因为他缺乏工作和机会。让每一个尼泊尔人都有家可归，是我真诚的愿望。我们的农村经济是由妇女推动的，但国家却没有给到她们应有的鼓励。青年身上肩负着国家的重任，却既得不到保障，也得不到尊重。我将改变这种状况，科学管理土地，落实基本居住权，将是我的目标。

所有地区都将与战略规划的公路连接起来，每个地方机构都有完善的道路与总部相连。所有在建的国道将在未来五年内完工。我们还将成立运输管理局、高级别工作组，找出道路事故的原因并寻求补救措施，还将制定包括公路、铁路、水路和航空服务等在内的全国联运总体规划。

我们要加快发展 5G 技术，加强数据服务器的独立性和网络安全保障性。我们将在学校、医院、政府办公室、金融机构、购物中心和其他公共服务场所提供免费互联网服务。在优先发展体育基础设施的同时，我们亦将注重球员的职业发展。我们还将宣布一系列振兴旅游业的特别计划。气候变化问题也将获得国际关注。推进妇女参与、赋权和包容，也是政府的优先事项。

我们将尽快完成和平进程和司法过渡时期的剩余任务，烈士和失踪人员的家属将得到应有的尊重和补偿。在冲突期间受伤的人员将获得良好的医疗救治以及就业和自谋职业的机会。受冲突影响的受害者家庭将获得赔偿。我们亦将启动重建计划。同时，政府将采取切实措施，依法释放在特莱 - 马德西冲突期间受到不公正监禁的人员。

国家机构将为联邦制的实施和人民的利益行动起来。我们决心采取独立的外交政策来实现国家利益，我将这一政策称为"亲尼泊尔"政策。我将坚持与两个邻国和所有友好国家保持平衡、可靠和友好的关系，进行有效的边境管理和解决边境问题，将是我的首要任务。

议长先生！

我召集各部委常秘[9]开会，这样询问他们：想要领取护照，公民们需要早上两点就开始排队，这样他们怎么能相信国家呢？如果我们以目前蜗牛般的速度发放身份证，那么又需要多少个十年才能完成？为什么人们要等好几年才能拿到驾照？为什么政府

9　译者注：相当于常务副部长。

和社区医院的水平每况愈下？为什么在科技如此发达的今天，人们想要挂号却要在政府医院排那么长时间的队？为什么病人做普通手术也要等待三至四个月？为什么医院的实验室和检测设备几个月都得不到维修？为什么资助的设备只能存放在仓库？我告诉他们，我会负责解决政策层面的问题，以方便服务和加快发展，但他们也要讲求实效，承担相应的责任。

政府一直在变，但人民的生活水平却一成不变，现在必须改变这种可悲的局面。政府不应是人民的主人，而应该是人民能够听到、看到、感受到的公仆。省级和地方政府将提供相应的工作人员，我已指示制定《联邦公务员法》，并在议会登记。政府决心结束公共服务中的复杂低效，提供便民且迅速的公共服务，保障社会公正，并在各级国家机制中保持相应的纪律和责任。在第一次内阁会议上，我们决定执行对腐败零容忍的政策，以取得扎实的成果。

为了加快推进具有重要战略意义的发展项目，我们将很快出台法律规定，结束土地征用、环境影响评估和采购管理过程中的低效现象，并制定关于公用设施线路通道的法律规定，还将安排共享基础设施的合作。为了增加资本支出，项目管理将以结果为导向，我们将根据结果对发展项目进行检查，部门间的如此协作将更加有效。我们还将利用总理和内阁办公室的行动部门来定期检查对国家具有重要意义的项目进程。

议长先生！

钻法律漏洞、工作拖延和制造不必要的麻烦是本届政府所不允许的。公务员需要承担使公共服务简单、方便和技术友好的任务，让人们感受到政府的高效便民。我们将解决目前在护照、身份证和驾驶执照方面出现的问题，此前那种通过不同部门收集类似数据的做法将被终结，相反，通过数据协作和可靠的互联系统，我们将提供快速、便捷、经济和轻松的服务。我们将为贫困人口提供可评估的常规医疗服务和医疗保险，扩大医疗保险保障范围，我们还将建立联合数字数据库，以保护国家和公共土地。

当前我们面临的一个复杂情况是，一些有能力为国家建设做出贡献的公民在年轻时选择了出国，但其年老之后，国家却必须为他们提供社会保障服务。为了摆脱这种状况，我们将与私营部门合作，推出扎实的方案，在国内创造就业机会。而为了私营部门的发展，政府将进行相关的政策和法律改革，增加政府在经济基础设施发展方面的投资，改革职业环境、鼓励通过合作进行储蓄并促进自主就业。政府还将坚持扩大国企的业务并进行管理改革。

政府坚持推进旅游基础设施建设和服务质量的提高。我的首要任务是全面运营高塔姆佛祖国际机场和博卡拉国际机场，并在保证资金来源的情况下建设尼贾德国际机场。我知道媒体行业如今正处于危机之中，我向大家保证，在这个困难时期，政府不会让媒体行业孤立无援，媒体工作者的权益将是政府工作的重中之重。最近股票市场出现的积极变化可以说是人民对我国政府信任的标志，加快经济发展和降低通货膨胀率也是政府的目标。我决心建设一个没有贫困的国家，我想向你们保证，每个公民都会感觉到政府就是我的"卫士"，它代表我，为我做事。

文职人员将不受政治干预，我将使他们变得更加专业化、更有竞争力和高效率。三级政府的文职人员数量将进行调整，每个部门都将配备充足的人员。如果分配给开发项目的资金无法使用，预算将转用于另外的项目。对于那些负有责任但无法实现目标任务的官员，他们的职务将与绩效考核挂钩。在未通知外交部的情况下，政府官员不得会见任何外国的外交官。控制和根除腐败将是政府的首要任务。我们将在海关、各种执照办公室和护照办公室等部门张贴带赔偿条款的条约。政府将加快疫苗接种，同时发布必要的指示，以援助受寒潮和降雪影响的民众。

议长先生！

我国曾经历过一场动乱。对社会正义的渴望，对歧视、剥削和压迫的愤怒以及对幸福和自由生活的向往，都是这场动乱的起因。我致力于唤醒我们当初对变革的热情和决心，并以同样的热情和决心参与到如今的国家建设之中。我想向受人尊敬的议会传达这样一个信息：我想再次唤起同样的能量，向自己、国家和议会本身证明。对于本届政府来说，"不可能""做不到"和"什么都不会改变"等消极和悲观的情绪已经不复存在。我请求议会为我们这种纯粹、积极、极具建设性的政府干预投下信任票。让我们和所有党派共同改变这个制度。现在希望议会给我一个机会，让我在所有人的帮助下改变人民的状况。

议长先生！

我很清楚，只有共同的合作才能取得成功。我所设定的目标需要政府和议会共同来完成，我已经说过，我致力于政治合作与政治互信，而非排斥与否定。我希望议会能给我充分的信任，我们的分歧也将得到缓解。

我向所有政党和尊敬的议员们发出请求，让我们团结起来，在议会开启新的篇章。尼泊尔的政治与其他国家不同，但同样存在一些弱点。我们在其他地方看到的是密集的否定政治。但在这里，我们没有太多相互否定的空间，我们不会长期保持缺乏对话的状态。每当国家处于危急时刻，我们都会团结一致。这一次，我们也不要将议会变得分裂，请让这个国家收到我们团结协作的消息。我承诺将毫无偏见地与所有政党合作，请让我有机会作为整个议会的共同总理领导国家建设，让我们所有人都致力于与全国各地的人民共同发展。在这种决心下，没有什么是无法达成共识的。

我昨天也在议会说过，人民对我们的支持是有条件的。我们必须在自卑中唤起希望和自信，我们必须通过经济革命的共同解决方案来建立繁荣而公正的国家。我不是说历史是今天开始的，但我要将我们迄今为止取得的成就制度化，我要感谢所有人并迎接这次考验。在开始革命时，我充满激情，虽然中间似乎有些迷失方向，但今天我站在这里，依旧充满了激情和决心。我来这里不是为了第三次写下我担任总理的名字，也不是来这里把我的下一张照片挂在墙上。我要向你们保证，我每次都会带着数据和成果的报告站在这里，我会让投票支持我的议员们感到自豪。在大家的支持和帮助下，我想请求这个令人尊敬的众议院的议员们为国家建设投下对总理信任的一票。

谢谢大家！

22

我们怀着改变整个国家和人民生活的决心踏入政坛

[2023 年 3 月时任尼泊尔总理和尼泊尔共产党（毛主义中心）主席的普拉昌达阁下在尼泊尔共产党（联合马列）和民族民主党撤回对其第三次担任总理的信任投票后第二次寻求议会信任投票的演讲]

尊敬的议长阁下；

首先，我要向伟大的烈士和失踪、受伤的尼泊尔战士的奉献和献身精神表达诚挚的敬意，我决心继续努力来使他们的梦想和目标得以实现。

在我的领导下，尼泊尔政府于 2022 年 12 月 26 日成立，并在 1 月 10 日获得了尊敬的议会前所未有的信任票。从那时起，政府一直致力于振兴经济、巩固善治、加快发展、简化政务流程、加强社会公正和提高社会福利。

在此期间，新总统和副总统的选举根据宪法并以友好的方式完成。在此，我谨祝贺二位成功当选，并祝愿他们在任期内一切顺利。

议长先生！

我从未想过这么快就会出现要求议会再次进行信任投票的局面，我们曾承诺组建政治稳定的政府，不仅是我，其他领导人也曾为政治稳定做出过承诺。总理和部长之间既没有政策分歧，也没有行动分歧，所有的内阁会议都是在友好的氛围中召开的，我们之间的关系过去和现在都很融洽，政府在短期内就消除了弥漫全国的悲观情绪，让大家重新燃起了希望。但是，在我提出总统候选人，特别是打算达成全国共识之后，代表民族民主党（Rastriya Prajatantra Party）和尼泊尔共产党（联合马列）的部长们辞职，并撤回了对政府的信任。因此，根据宪法规定，政府必须再次获得议会的信任。

我不知道我们的朋友如何证明他们在如此短的时间内，在政府成立还不到两个月就决定撤回对政府的信任是合理的。这个决定的政治性和负责性究竟如何？他们需要给出回答，而人民也有自己的判断。不过令我欣慰的是，这些朋友并未提出指责说，他们是因为总理和整个政府的失误和错误决策而决定收回对政府的信任的。我一直在试图将政府以外的其他党派包括进来，共同努力达成全国共识，但曾在全国人民面前誓要维护政治稳定的两个政党，如今却走上了令政治不稳的道路，对此，我感到十分忧虑。

政府的组建本身就是一种政治协议，本届政府也是这种政治协议的产物。当然，联盟内各政党之间存在一些意识形态和政治上的分歧，但我们通过了最低共同纲领，并将其作为协议的基础，并同意放下过去的分歧。我说到做到，但他们似乎没有。

议长先生！

本届议会在第一次会议就讨论了诸如解散议会这样高度敏感的话题，这样的讨论在整个国家引起震动，我认为这个议题的提出既不相关，也不恰当。这个可能将国家推入巨大的宪法危机和政治危机的步骤并不值得骄傲。对于这一议题，最高法院已经两次以违宪的理由进行否决，并证实了当前议会组成的合宪性问题。这一议题在议会的提出，不仅造成了执政联盟内部的不信任，而且使民主的连续性和议会的稳定性也遭受质疑。不幸的是，对于几乎得到整个议会支持的总理来说，与解散议会的提案公开对抗确实是一个巨大的道德、宪法和政治挑战。

另一方面，虽然我为达成全国共识而不懈努力的做法没有得到联盟内各党派的支持，但作为总理，我在议会获得了全国共识般的投票支持。为感谢这一历史性的支持并面对国家危机的挑战，我不得不坚持下去。在过去，总统等备受赞誉的职位使得国家一再陷入政治冲突，人民对民主的信心也因此动摇，为此，我希望有一个新的开始，让新总统能够得到全国民众的支持。作为议会第一大党，尼泊尔大会党应该获得总统职位，我要求尼共（联合马列）主席同意这一提议，因为我认为这将巩固政治平衡。然而，这样的结果并没有发生，我们无法以协商一致的方式选出总统和副总统。作为总理，我在这个过程中采取的任何举措都没有错误。今天，我想问问议会，我的愿望究竟是一种软弱的表现，还是一种对于国家的责任？

议长先生！

我向议会承诺过，我每次都会带着政府工作报告来到这里。如果政府没有受到联合马列和民族民主党部长辞职的影响，那么这份工作报告将会更加丰富。不过，我们在短时间内依旧完成了许多出色的任务。我想简单介绍一下。我们制定了统一的工作计划，从而及时有效地执行了政府的政策优先事项和最低共同纲领。有关恢复经济、提供服务、政府善治、社会发展和社会公正的政策、程序和机构改革的决定已经开始执行。因此，各种经济指标已经出现了一些积极的现象。

经济的对外方面正在改革，流动性萎缩的状况也在改善。外汇储备、汇款流入、游客人数等方面都取得了显著进展，银行利率也正在下降。为使政府开支正常化，预算修订工作已经开始，政府削减了不必要的开支，防止重点领域出现预算短缺的问题。为减少开支，除一些重要情况，部长和高级官员的出访已经暂停。尼泊尔实施了新的综合贸易战略，目的是通过控制激增的贸易逆差来促进出口和管理进口。

我国在世界各地的外交和经济使团都被动员起来，以促进外国投资。我们正在努力通过总理一级的对话与可能的大型投资者进行磋商。在提供高质量的公共服务方面也有许多重大改革。近来，办理护照、身份证、驾照、无异议证明等手续的排队等候现象已降到最低。为了迅速、智能、可靠和便捷地提供服务，护照部门、领事部门、外国就业部门等百姓需求较多的政府机关，都提供了线上客服，并安装了闭路电视摄像机，同时还安排了定期监测与监察。公民可以在本地区方便、顺利地领取护照，身份证已经在 14 个县的 15 个站点开始发放，身份证信息登记活动已在 45 个县完成，目前正在另外 17 个县开展，通过在线系统进行个人信息登记的工作已在 6665 个村和社区展开。

政府为解决新冠疫情、俄乌战争和全球经济增速放缓等外部原因和结构性问题造成的经济危机而采取的一系列措施，在一些领域取得了积极成果。但是，当前存在的结构性和系统性缺陷以及政策失误仍有待纠正。要以可持续的方案解决国际收支失衡问题，除了增加国内产量别无选择。为此，必须采取短期和中期措施。与农业、畜牧业和林业生产相关的现有计划将进行重组，并实施新的计划。要通过帮助大中小微工业实现全阶段运行、降本增效、拓展市场来促进工业生产的增长。政府还将推出特别方案以增加游客数量，延长游客旅游时间，并促进游客消费。

为了从青年人口中汲取人口红利，政府将对目前旨在促进创造就业机会的方案（如与就业相关的机构、项目和方案）进行整合重组，强调结果导向。为在国外工作的尼泊尔公民提供安全保障、工资保障和危急时刻的救援保障，是政府的优先事项。目前政府正在准备采取果断的干预措施打击来自国外的走私、低收费、逃税、亨迪系统和非法交易，鼓励人们通过正规渠道汇款。上一财年，由于国际收支和最低资本支出损失近 3000 亿尼泊尔卢比，国家出现了流动性萎缩、利率过高和债务危机等问题。现在，由于国际收支状况良好，流动性和利率问题正在逐步得到改善。我们将成立高级别研究委员会，寻求可持续的改良方案，控制合作社组织的失灵和弊端。政府将与尼泊尔国家银行一起，对整个微型金融部门进行监管改革。政府已加大力度降低通货膨胀率，使其达到预期目标，因此，我向议会保证，在未来的日子里，人们不会再承受物价上涨的巨大压力。为了解决经济面临的问题，政府致力于与私营部门合作，因为我很清楚，如果没有私营部门的信任与合作，预期的繁荣目标就无法实现，我也将为此致力于政策和实践改革。

议长先生！

过去，我们曾多次颁布、撤销和再颁布法令，但这些法令并没有在议会获得通过。由于这种错误的做法，宪法委员会召开会议并做出决定时，会出现法律真空，而司法部门的领导层和其他需要宪法任命的重要职位也被延期。为了打破这种局面，政府已向议会提出《2079 年宪法委员会（工作、责任、权利和程序）法（第一修正案）》[10]，《反洗钱和促进商业环境法》也在议会进行了修订。同样，根据宪法第 53 条和 2006 年的《良好治理（管理和执行）法》，政府向总统阁下提交了政府 2022-2023 财政年度报告。

根据历史性的《全面和平协议》和尼泊尔临时宪法，我们在 2014 年颁布了一项法律，同年成立了两个独立的委员会，负责调查被迫失踪人员和真相与和解。但由于种种原因，我们未能顺利结束和平

10　译者注：2079 为尼历，该法案提出时间为 2023 年。

进程，现任政府希望能尽快结束这一进程。为此，政府以国际人权和人道主义法、过渡时期司法原则、从受害者和相关人员处收集的建议以及受人尊敬的最高法院的判决为基础，向议会提交了《被迫失踪人员调查、真相与和解委员会法》修正案。这不仅是一个政党关心的问题，也是一个国家必须共同解决的全国性问题。政府将尽快顺利完成和平进程和过渡时期司法的剩余任务作为优先事项。

议长先生！

本届政府正在为尼泊尔的新发展模式做准备，尽管迄今为止我们通过规划和努力已在有形基础设施发展、教育、卫生、性别平等、包容性等领域取得了一些成就，但我们在生产和就业领域取得的进展却令人失望。尽管宪法希望建立社会主义性质的经济体制，但我们的政策和计划却存在很大矛盾。人们认为，通过交通、能源和通信等基础设施的发展，可以打开发展的大门，在拥有这些设施的地区建立工厂，在这里推进农业现代化的实现，整体生产和就业就会迅速增加。但是，在已经建设了这些基础设施的农村地区，人口外流导致项目得不到推进，农田也得不到耕种，年轻人出国就业的趋势并未降低。要想改变这种状况，仅靠粗放的政策、规划和计划是不够的，必须有所突破。因此，政府正准备在第十六个发展计划中提出新的发展模式。

在新的财年预算中，削减开支将被列为优先事项，被分配到能够最大限度利用现有资源的领域，预算将分配给高回报率的项目，除了一些必要项目外，不会启动新的项目，一些额外的计划将在生产和就业部门进行实施。为了解决资本支出较少和已完成项目施工质量不高的问题，我们将在下一个财年启动结构性和系统性改革。尽管预算规模较小，但通过这一举措，未来几年的资本形成和经济活动将取得长足进步，因此，未来几年的经济增长将会很高。

议长先生！

为了最大限度降低政府服务的成本和时间，我们准备通过线上的方式为民众提供便捷、顺畅的服务，"你好政府（Hello Sarkar）"项目更加有效，今后，该项目将扩展到地方一级。《公民法》《联邦公务员法》和《联邦教育法》即将定稿并提交议会审议，政府正在加紧进行相关技术性操作。为提高政府工作人员的士气，政府已采取政策，尽可能地提高他们的工资和待遇。在总理办公厅秘书和内阁的领导下，我们成立了由七名成员组成的实施促进委员会，以落实高薪改革委员会在其报告中提出的问题。新一年度的公共假日和工作日安排已经确定，即使在某些公共节假日，提供基本服务的政府办公室也将安排开放。

政府正在组建一个高级别行政重组委员会来提出改良方案，使包括民政管理、安全部门在内的公共行政机构降低成本，保持灵活的工作态度，提高责任意识并加强工作能力，在符合宪法规定的情况下推动三级政府之间的关系，促进联邦制的实施。在过去，政府颁发的勋章和奖章屡屡引起争议。为了使其庄重而有序，政府将在内政部常秘的领导下成立一个高级别委员会，在研究国际惯例后提出建议性报告。

当前，政府已经成立了行政协调委员会，该委员会将在尼泊尔政府首席秘书领导下进行行政协调。政府正在着手解决联邦制实施过程中存在的问题，根据宪法和法律设立省际委员会，列出剩余任务清单并逐步完成。在确定尼泊尔宪法附录中的三级政府工作清单的同时，我们正在审查过去制定的政府工作报告，并进行必要的修改，进而使三级政府在工作和责任方面重复混淆的状况得到进一步改善。

议长先生！

政府已经获准在联邦、省和地方政府之间收取自然资源的开采使用税。为了解决开发项目和公共建设所需的基本自然资源（如石头、卵石和沙子等）的供应问题，控制不必要的开采，并且以环保的方式开采和销售自然资源，政府已开始实施《2022 年石料、鹅卵石、河沙开采、销售和管理准则》（第二次修订）。

我们正在制定新的法案，以确保包括与国家形象息息相关的所有大型项目都能够得到充足的预算支持。我们的目标是确保这些项目不仅能按计划、按质、按量完成，还能确保其人手充足。总理和内阁办公室已经深度介入，通过不断的指导和现场考察来保障这一点。对于那些未按约完成工作、提前终止合同或故意拖延进度的承包商，我们将给予严厉的警告，对于那些连续多次延误仍未交付的承包商更是不会容忍，他们将被列入黑名单。为了保障施工质量，我们设定了严格的技术核查和验收机制。此外，对于那些尽职尽责，按合同完成但尚未得到尾款的承包商，我们也将给予他们应有的保障。

全国八个地方将宣布为工业村。在本财年，工业部获得了约 200 亿尼泊尔卢比的外国直接投资（FDI）的保证，迄今为止，FDI 的承诺价值累积总计约 4400 亿尼泊尔卢比。同样，投资委员会收到价值 10400 亿卢比的资金承诺。全国共有 2632 兆瓦的电力，其中 96% 的尼泊尔人口使用上了电力。在下一个财政年度，尼泊尔所有人口都将用上电。在鼓励国内消费电力的同时，政府也将优先考虑向周边国家出口剩余电力。

议长先生！

我必须承认，为化肥提供的补贴似乎并没有让那些最需要它的群体真正受益。确实，许多关心此事的人已向我们表达了对补贴滥用的担忧。政府当然不能视而不见，我们正在深入考虑调整相关条款。但任何决策都需要充分的准备与考虑，因此在今天的内阁会议上，我们决定暂时保持当前的制度，我觉得有责任将该决定通知给本议会。为了解决农民每年面临的化肥困境，我们保证今年将提供充足的化肥。我们已经调整了蔗糖和小麦的最低收购价格，分别是每公担 450 尼泊尔卢比和 3351 尼泊尔卢比。

同时，听取了农民的意见后，我们也将牛奶的最低收购价调整到了每公升 65 尼泊尔卢比。对于那些在禽流感防控过程中损失了财产的农民，我们也会给予相应的补偿。我们正全力以赴，寻求科学的土地管理方法，并为解决贫民窟问题找到长远的解决方案。我相信，在不久的将来，大家都会看到我们做出的努力和取得的成果。

我们将开发统一的网站管理系统来连接政府办公机构之间的网页，通过在线媒体提供公共服务的政府部门已开始合作。政府将优先确保在新学年开始之前为学生们提供课本。尚未公报的烈士姓名公布程序已经开始，尽管政府已做出决策，但他们的名字尚未公布。

此外，柯西医院已被升级为教学医院，作为东部大学（Purbanchal University）的附属医学院运行。内阁已决定,将盖塔（Geta）医学院发展为达沙拉特钱德烈士国立卫生科学大学（Martyrs Dasharathchand National Health Science University）的文件通过后，就开始启动必要的程序。通过升级政府医院，将其纳入尼泊尔医学科学院（Nepal Academy of Medical Sciences）管理并建立新的医学院的工作也正在筹备中。博卡拉国际机场已开始运营，其他多个机场的升级工作也在进行中。体育场的建设正在加速进行，对于为国家增添荣耀和士气的运动员们，政府也给予了表彰和奖励。

我们开发了为出国务工人员发放许可证的在线系统，现在可以通过线上申请劳工许可。已实施根据雇主公司和劳工之间的工作协议为整个期限提供完整的工作许可的规定。劳工许可期限到期后的移民劳工可以从其所在国的尼泊尔大使馆处获得劳工许可，无需再返回尼泊尔续签。我们已经开始在国内正式和非正式的部门、自雇部门和海外就业中的劳工纳入社会保障基金。到本年三月，已收到总计6900亿尼泊尔卢比的汇款。

我们坚持与邻国和一切友好国家建立平等的友好关系。尼泊尔参加了在卡塔尔多哈举行的第五届联合国欠发达国家大会，并在会上阐述了我们的观点。我们强调了像尼泊尔这样的欠发达国家在发展过程中将不得不承受的经济方面的影响，国际社会应提供经济和技术援助以尽量减少其影响。

议长先生！

我们已实施了多种关于赋予妇女权利和青年勤

劳就业的项目，并加快推进与社会正义和包容发展相关的举措，启动了保护和发展贫困落后阶层、濒危种族和边缘社区的针对性计划。

政府已原则上同意从世界银行接受 1.2 亿美元的优惠贷款用于学校改造。英国政府同意为地方基础设施援助计划提供价值 140.31 亿尼泊尔卢比的赠款。同样，政府已原则上同意从世界银行接受 1 亿美元的优惠贷款和 384 万美元的赠款援助，用以改善尼泊尔的医疗卫生服务系统。

这些事实和数据表明，在我领导下的政府在短时间内已经遵照国家指导原则、政策和责任稳步前进，我们确保了每位公民都能便捷顺利地享受社会服务，我们在全面的治理改革上也迈出了坚实的步伐。我深感肩上肩负的重任，为了国家的繁荣和人民的幸福，我将全力以赴，不辜负大家的期望。今天，我站在这里诚挚地呼吁议会的所有成员支持我、信任我。让我们携手同心，书写充满希望和辉煌的新篇章，为我们伟大的人民创造更加光明的未来。

议长先生！

我曾多次强调，面对当前的国家挑战和机遇，我们必须达成一个不可动摇的国家共识。作为国家的领导者和公共管理者，我们必须坚定地追求发展、服务和投资的进步心态。是时候共同承诺，为国家的年轻一代创造数百万的就业机会，让他们在祖国享受尊严和荣耀。虽然我们没有世界级的运动场馆，但我们的板球运动员们已勇敢地踏上了世界赛的征途。他们为国家赢得了荣誉，我们必须回馈他们应得的尊重和待遇。在风雨飘摇的今天，唯有国家共识，才能走出困境，朝向更美好的未来。

要让五百万尼泊尔人摆脱深重的贫困，我们需要各方、各党的共同努力。对于关乎民族、国防、外交、核心经济议题以及重大的战略基础设施等重要问题，我期待能看到更加坚定一致的全国共识。在追求国家自足、确保民族福祉、树立民族文化自信的同时，我们必须团结一致，同心同德，确保在不结盟的外交政策下，与周边国家以及全球建立基于尊重和合作的关系。为了达到真正和平的结局，需要万众一心，达成更广泛、更有深度的共识。

单纯依赖政府的常规操作和权宜之计的政策，显然不能满足我们国家当前的迫切需求。民族的团结不仅是确保我们向全球展示雄心勃勃的项目和创造无数就业机会的基石，更是推进国家更大规模经济变革的关键。我们要确保尼泊尔在国际舞台上传递出鲜明的信号，那就是：我们正以一种前所未有、同心协力的方式共同思考和前行。对于旅游业，仅凭当前的游客流量和质量，我们的发展仍受到局限。我们必须意识到，凭借目前的旅游基础设施，我们无法在旅游业上实现革命性的变革，无法赋予尼泊尔旅游业新的生命与活力。

我们正站在一个历史的关口，必须推动彻底改变国家面貌的经济革命。一个国家的建设，不是凭借某个领导的一己之力或某个政党的垄断就能完成的。在这座议会大厦里，我们之间的共识其实远胜于分歧。宪法是我们齐心协力的产物，在座的每一位都为我们的国家和民主制度的成果感到骄傲。我们的每一步政治旅程，都是出于改善国家现状和人民生活的初心。

如今，我们国家的公共辩论水平在一路滑坡。我们似乎更沉溺于彼此间的攻击与诋毁，而忘记了共同寻找解决之道的初衷。一些激进的无政府主义者正在重出巢穴，试图破坏我们的社会秩序，制造新的混乱。他们欺骗民众，逐渐蚕食人们对民主制度的信任。他们企图动摇我们的经济基石。在这样

的关键时刻，如果我们分道扬镳，历史将如何评判
我们？因此，我恳请整个议会，特别是尼泊尔共产
党（联合马列）和民族民主党的代表们，重新考虑
你们的立场，共同支持一个达成真正的国家共识的
政府。我坚信，这个庄严的议会，将成为稳定和团
结的灯塔，照亮我们前行的道路。谢谢大家！

23

奠定宪法所设想的社会主义基础
是基层的主要职责

[2023年3月28日时任尼泊尔总理和尼泊尔共产党
（毛主义中心）主席的普拉昌达阁下在首届全国司法
委员会会议上的讲话]

会议主席，

尊敬的联邦政府部长，

尊敬的省政府部长，

尼泊尔政府常秘先生，

地区协调委员会主席，

各位市长，乡政府主席，各位副市长，乡政府副主席，

亲爱的媒体朋友们，

在座的尊贵嘉宾：

首先，我想对所有参加由加德满都市政府主办的第一届全国司法委员会会议的各位代表表示诚挚的欢迎，并预祝本次会议取得圆满成功！

从为尼泊尔联邦制度和地方层面提供司法公正的角度来看，这次会议非常重要。它旨在分享地方司法委员会官员们的经验，共同努力解决政策和实际问题。会议提倡具有当地特色的司法公正以及与上级政府进行有效的协调。我谨对此次会议的组织者表示祝贺。

在经历了伟大的人民战争和人民运动基础上建立的联邦民主共和国颁布的新宪法，已经系统性地进行了权利分配和对国家结构的重建。如果能够将其妥善地运用和实践的话，那么尼泊尔的联邦制度可以成为世界上独一无二的典范。在尼泊尔 2015 年的宪法中，基层政府已被定义为具有立法、行政和司法权力的独立的一级政府。只要不与宪法、联邦法律或国家法律相冲突，地方各级政府还保留了制定法律的权利。这种制度不仅不同于以往的传统和经验，而且在全球范围内都具有启示意义。

我们知道，新宪法是尼泊尔人以奉献和牺牲造就出来的，诸多关于社会转型和变革的旧问题已经得到制度化解答。然而联邦和省级法律仍在按照旧的宪法来制定。我们有责任尽快制定联邦法律，正确配置宪法规定的政治、经济、社会和文化权利。目前的政府正在积极尝试创建包括联邦教育法（Federal Education Act）、联邦民法（Federal Civil Act）在内的重要法律。在一些联邦法出现相互冲突的情况下，中央政府会发挥协调作用来解决这些问题。当前述法律的创建和修订过程完成时，我们的联邦制度和实践也将更上一层楼。

宪法序言里这样写道："致力于建设基于民主规范和价值观的社会主义，包括人民多党民主体制、公民自由、基本权利、人权、选举权、定期选举、媒体自由以及独立、公正和称职的司法机构，弘扬法治理念，建设富强国家。"为了建设和平包容、高效治理和可持续性发展的国家，通过联邦民主共和国制度的治理体系达成国家繁荣稳定昌盛的美好愿望，特此立宪会议通过并颁布本宪法。因此，我想提醒大家，打好宪法所提出的社会主义基础是地方政府的主要职能，而司法委员会按照宪法的精神，在奠定社会主义基础方面也具有重要作用。

尼泊尔宪法为地方一级政府提供了 21 项行政权力，其中包括执行司法权。在地方选举后所组建的基层政府的重要工作中，司法工作及其成果是具有重大且特殊意义的。在此期间，司法委员会解决了超过 19000 起纠纷，这表明司法委员会可以通过增强政治和行政方面的权利来提高其效率，在解决地方纠纷中发挥实质性作用。它还有助于在该体系中培育公众信任和主人翁意识来增强公众对联邦制度的信任和归属感，这也将有助于宪法的有效实施，在座的各位都值得对此表示感谢。

一提到政府，公民们首先想到的就是地方官员和代表。地方人民代表、工作人员和安全部门的想法与态度如何？服务流程的效率和响应度如何？这些决定了政府在普通群众心目中的形象。因此，地方基层和人民代表应该积极发挥作用，增强亲和力，实现群众对国家的归属感。

尼泊尔的宪法规定了地方级别设立司法委员会进行司法操作的条款，其中 2017 年的《地方政府管理法》（Local Government Operation Act）定义了司法委员会的结构和管辖范围，其主要内容是：

通过调解解决在地方层面发生的纠纷，对基层级别司法委员会管辖范围内的事项做出司法裁决。所以说，他们在正确科学地实施宪法和法律所规定的权限中扮演着举足轻重的角色，希望大家足够重视这一点。

尼泊尔政府发布的16部法律中明确规定了司法委员会所充当的角色。通过地方司法委员会进行的司法协调可以使当事人免于经济负担，同时对我们而言，找到这些民间问题的解决方案，可以增进社会团结及和谐，减少个人和家族矛盾冲突代代相传的传统心态，当事人也可以获得快捷无忧的司法公正。公众对地方政府感到满意的几个领域之一，就有当地的司法协调。因此，中央政府必须特别关注该机构的制度和组织结构、资源管理、人力管理和建设能力。

我相信，像今天这样的平台，在维持基层司法操作的一致性标准、经验交流、与上级政府的有效协调以及集中解决问题等方面，都可以发挥有效的作用。相信在未来的日子里，此类平台可以增强地方级别司法委员会的公信力，并提出各种提高认识和能力建设方面的创造性方案。

尽管肩负着上述的职责、任务，取得了一定的成绩，司法委员会仍面临着诸多问题，包括法律制度的应用和实践过程中存在的困惑，缺乏司法实践的经验和参考资料，相关专题知识储备不足以及在发展能力方面遇到的挑战，还有地方上出现的政治矛盾等。在司法委员会中，管理人员经常压力大于效率，缺乏熟练的行政人员，缺乏有效的组织方法和统一的标准，运行系统单一而集中等等，这些都是目前面临的主要问题。我相信中央政府定会采取必要的措施来协调和解决上述问题。我希望这次会议能够提高司法委员会的效能、制度及组织能力，制定与上级政府系统统筹协调的政策，并建立相关机制，交流有益的司法实践。

最后，中央政府将发挥作用，在政策、法律、制度、结构和实施层面纠错，呼吁共同克服单边思维倾向，为司法委员会成员和政府官员建立培训机制。衷心预祝此次会议取得圆满成功，谢谢大家！

24

总理普拉昌达向驻尼外交使团
通报情况

[2023年5月15日时任尼泊尔总理和尼泊尔共产党（毛主义中心）主席的普拉昌达阁下在各国驻尼泊尔大使和各国国际组织负责人情况通报会上的讲话]

尊敬的副总理，

尊敬的部长，

各位大使和使团团长阁下，

各位政府要员，

女士们，先生们：

首先，欢迎各位出席本次情况通报会。虽然我此前曾有幸与你们中的大多数人见过面，但自我就任总理以来，这是我们第一次在这样的场合会面，故而请接受我对你们出席本次会议的感谢。

正如外交部部长刚刚提到的，今天我想要简要地强调三个方面，这些对我们十分重要，我相信这也会是你们感兴趣的。首先，我将介绍尼泊尔近期政治事态发展的最新情况。然后，我将概述尼泊尔当前的经济形势和我国政府的主要优先事项。最后，我将谈谈我们外交政策的优先事项。

去年对尼泊尔来说是政治上重要的一年。联邦选举、省级选举和地方选举在六个月内相继举行，这次选举是进一步加强包容性民主社会并增强人民对民主进程信心的里程碑。

选举之后的三级政府均已组建，选举亦保障了宪法规定的妇女、青年和不同弱势群体在地方政府、省议会和联邦议会中的合法席位。

本届政府成立后，国家再次下定决心要巩固民主成果，并努力实现社会经济转型。

加强和赋权给民主机构，建设和平、繁荣和包容的社会，实现经济转型，是本届政府的核心任务。本届联合政府的《共同最低纲领》就是要执行这些任务。

为此，我们将努力实现联邦民主共和制的制度化，努力消除各种歧视，并努力建设一个公平与正义的社会。

我们的首要任务是提高公共行政的效率和能力，确保为民众提供高质量的服务。本届政府的政策和行动以我们对善治、法治和参与式民主制度的坚定承诺为指导。我们坚持对腐败零容忍的政策，旨在确保各个层面的公开透明与问责制推进。

各位阁下！

我们致力于圆满完成我们成功、独特且本土化的和平进程。我们高度重视巩固社会的和平、和解与和谐，并再次强调我们将致力于完成过渡时期司法进程的剩余任务，伸张正义，并为冲突受害者提供赔偿。

《全面和平协议》、最高法院的指令、相关的国际承诺以及受害者的关切，都将指导我们为实现这一目标而努力。

在经历了成功的和平进程之后，我可以向我们的合作伙伴保证，尼泊尔能够在上述规范要求的基础上，以同样独特的方式完成过渡时期的司法进程。

本着这一目标，《被迫失踪人员调查、真相与和解委员会法》修正案已提交议会，议会中的主要政党已就尽早通过该法案达成共识。修正案采用了以受害者为中心的方法，获得赔偿是受害者的权利。我向你们保证，严重侵犯人权的案件不会被一概赦免。

各位阁下！

现在，请允许我简要谈谈当前的经济形势和我们面临的挑战。

众所周知，在过去的几年中，全球经济面临着不确定性和一系列挑战。受新冠疫情以及食品、化肥、燃料和其他必需品供应链中断的累积影响，我们所有人都经受了打击，尤其是那些极其贫穷脆弱的群体，我们的发展成果亦面临倒退的风险。

尽管面临多重挑战，但我们的经济在对外方面还是显示出积极的改善迹象，资金紧缩正在逐步缓解，利率也呈下降趋势。然而，经济的整体进展尚未实现。为实现预期增长目标，我们需要在农业、制造业和服务业这三个领域加倍努力。但是，要实现税收和资本支出目标已变得十分困难，故预算赤字已经出现，税收与公共支出之间还存在一定差距。

为了重振经济活力，我国政府在经济、财政和货币政策方面采取了多项措施，其中包括减少不必要的经常性开支、头开展创收活动、降低银行利率以及为生产部门和优先部门提供再融资和贷款重组便利。

我们高度重视经济发展，已采取措施，努力创造有利的投资环境，强调发挥劳动生产率的作用，加强机构建设，注重投资创新，并努力实现经济结构转型。我们还优先促进具有包容性和可持续性的工业化进程，强调经济多样化和提升附加值。

我们致力于税收管理改革并使之现代化，以进一步提高我们调动国内资源的能力。我们将继续致力于确保我们的财政政策有助于缩小经济差距，提振经济活力。我们鼓励私营部门提高产量，提升效率，创造就业，增加收入，推动创新。

各位阁下！

我们致力于创造一个可预测、安全和有利的投资环境，在优先领域吸引更多的外国投资者。我们特别鼓励在清洁能源、旅游和基础设施领域的投资。我们将进一步推进法律、政策和体制改革，以加强投资者的信心。

你们中的大多数人都是尼泊尔发展的长期合作

伙伴，你们的支持对尼泊尔的进步起到了引领推动作用。包括赠款和优惠贷款的官方发展援助（ODA），对于尼泊尔应对经济和基础设施建设方面的挑战至关重要。尼泊尔依旧十分需要外部资金，以维持我们已经取得的进展，特别是在可持续发展、减贫、教育、医疗保健和其他基本服务等领域。

在当前经济紧张的背景下，我们希望发展伙伴增加无条件的经费预算支持，以使我们能够填补关键领域的资金缺口。

亲爱的朋友们！

众所周知，尼泊尔将于 2026 年脱离最不发达国家行列。尽管我们遭受到超出控制的多重挑战与打击，但"毕业"（脱离最不发达国家类别）一直是我们的国家决心，我们致力于使这一过程顺利、可持续且不可逆转。不久，我们将完成相关战略文件，并与发展伙伴分享。

我们将在不符合收入标准的情况下毕业，这是一个特殊的情况。除此以外，这还会带来前期费用和国际支助措施的损失。而且，我们的毕业准备工作将与新冠疫情后的恢复工作重叠。这意味着我们必须做出更多努力并取得具体进展，以顺利完成毕业，避免陷入经济学家告诫我们的"中等收入陷阱"。

在这种情况下，对我们来说至关重要的是从我们的发展伙伴那里获得持续和有重点的国际支持，除此以外，这些支持措施还需包括优惠和赠款融资、优惠市场准入和技术转让，在我们毕业后的较长时期内也是如此。

各位阁下！

作为喜马拉雅地区的国家，尼泊尔承受着气候变化带来的沉重负担。气候变化对我国人民生活和生计的负面影响在我国的山区和平原日益明显。作为《巴黎协定》的缔约国，我们已经制定了到2045年实现净零碳排放的宏伟目标。鉴于气候变化对世界构成的生存威胁，尼泊尔呼吁在国际层面采取有力行动，以实现气候目标。我们相应地调整了我们的《国家自主贡献方案》（NDC），并制定了地方适应计划，以解决气候脆弱性问题。为了实现雄心勃勃的气候目标，我们需要方便灵活地获得气候资金，用于减缓、适应存在的问题与挑战，并用于技术转让和能力建设。

多重危机和挑战加上当前的经济形势，使得可持续发展目标的实现更具挑战性。我们希望你们对我们在这一关键领域的发展优先事项进行持续关注。

为了应对新冠疫情的影响、实现气候目标并加快可持续发展目标的实现，我们与发展伙伴一起制定了绿色、韧性和包容性发展（GRID）战略。我们感谢你们坚定地承诺支持实施这一综合发展方法。

各位阁下！

我还要通知你们，尼泊尔即将完成亚太反洗钱组织（APG-AML/CFT）的定期相互评估。

尼泊尔一直坚定支持并遵守国际义务，我们在联合国和其他区域组织中的积极作用有目共睹。自2002年成为亚太反洗钱组织（APG）成员以来，尼泊尔在遵守反洗钱金融行动特别工作组（FATF）建议方面取得了显著进步。我们仍然致力于不断提高我们的能力，以应对新的和正在出现的挑战。

本着这一精神，我们将正在进行的相互评估作为持续改革进程的一部分，在整个评估过程中，我们与亚太反洗钱组织有着深入的合作。我们致力于进一步加强我国的法律制度建设，推进政策改革，建立相关机构并提高执法能力。

为了应对当前及未来出现的新挑战，提高我们的执行能力，尼泊尔政府向议会提交了一份全面的法案，旨在修订与反洗钱（AML）和反资助恐怖主义（CTF）有直接关系的若干法律文书。政府高层承诺在 7 月第二周举行的亚太反洗钱小组全体会议之前通过该法案。

在今年 8 月 /9 月完成评估和发表报告之后，我们将一如既往地向合作伙伴寻求理解与合作。

亲爱的朋友们！

最后，请允许我简要概述一下我国外交政策的主要方向。

尼泊尔的宪法为我们处理国际关系提供了基本的政策方向。我们的外交政策以和平共处五项原则、不结盟、《联合国宪章》、国际法和世界和平准则为指导。

我们奉行基于主权平等、互不干涉内政、相互尊重和互利原则的独立外交政策。

和平友好、相互尊重与共同合作的精神继续指导着我们的对外交往。保护和促进国家利益是我们外交政策的目标。提升尼泊尔作为一个和平、包容和民主国家的信誉以及开展经济外交这两大目标，仍然是我国外交政策的核心。

本届政府将继续努力加强尼泊尔与邻国、发展伙伴、劳务移民接收国和所有其他友好国家的关系。我们将进一步努力探索与我们的朋友和伙伴开展经济合作的新途径。

目前，南亚区域合作的潜力远未得到充分发挥。我们将继续努力重振南盟的进程，并确保环孟加拉湾多领域经济技术合作倡议的新势头，以实现其作为连接南亚和东南亚之间纽带的独特潜力。

我们将一如既往地优先考虑我国海外劳工的安全、保障和福祉。我们充分重视利用我国侨民的技能、专业知识和资源来促进尼泊尔的发展。

我们将进一步加强对和平与安全、可持续发展、人权和气候变化等全球重大问题的参与和贡献。尼泊尔将继续努力寻找解决全球问题的方案。我们需要摆脱传统做法，调整行动方向，以应对这些挑战。尼泊尔对多边主义的承诺始终坚定不移，对《联合国宪章》所载原则的承诺亦是如此。尼泊尔是联合国维和行动中最大的部队和警察派遣国之一。我们继续支持包括最不发达国家和内陆发展中国家在内的发展中国家的议程。

目前，我们当选为人权理事会成员，任期为2021至2023年，我们将继续坚定而出色地为理事会服务。基于我们的民主价值观以及对人权和基本自由的承诺，我们提倡以客观和非政治的方式处理人权问题。

最后，我向您并通过您向您所代表的国家和机构表示衷心感谢，感谢你们对尼泊尔的善意、支持与合作。我希望在今后的日子里，这种善意、支持与合作还会继续下去。

谢谢大家！

25

就本届政府成立六个月来所采取的行动向众议院发表的演讲

[2023年6月27日，时任尼泊尔总理和尼泊尔共产党（毛主义中心）主席的普拉昌达阁下就其政府成立六个月来所采取的行动向众议院发表的演讲]

尊敬的议长先生：

在我领导下的政府已经成立六个月了，我们需要将这六个月视为政府的审查期。在寻求议会信任投票时，我曾承诺我将作为总理带着政府工作报告出席每一次此类活动。而此刻，我正站在台上履行这一承诺。

当庄严的议会让我担任政府领导职务时，有人认为我国已经将像斯里兰卡一样陷入经济危机，这种认知并不局限于知识精英阶层，而是深入到了普通民众之间。斯里兰卡在电视和手机屏幕上呈现的景象让全国人民处于恐慌和忧虑之中。随着我国经济好转而且变得更加活跃之后，即使是悲观主义者也开始从斯里兰卡带来的噩梦中醒来。不过，我认为这一成果不能简单归功于政府，而应归功于整个国家。

现在，我们所有的经济指标都是积极的。在过去六个月中，我们的外汇储备总额增加了 20.9%。目前我们有能力维持 9.7 个月的商品和服务进口。同样，商品贸易逆差总额也降低了 15.2%，汇款大幅增加，与去年同期相比，游客人数增加了一倍。银行贴现率和借款利率有所下降，金融部门的稳定性和投资环境得到积极改善，在严格打击偷漏税之后，税收情况亦有所改善。尼泊尔电力局和尼泊尔石油公司实现了盈利，尼泊尔航空公司的财务状况也在改善。

我国驻世界各地的外交和经济使团已为外国投资而动员起来。从总理一级开始，我们正在为提升对于主要的潜在投资者的吸引力而做必要的功

课。同时，已经签署了约 350 亿美元的外国援助
协议。通过工业部门的 274 个项目，约 350 亿美
元的外国投资和约 1.5 万个工作岗位已经到位。投
资委员会批准了 1.067 万亿卢比的投资。经济改革
将会提供 2 万个新的工作岗位，新注册的本地企业
有 284 个，投资额达 2.005 万亿卢比。位于热索瓦
（Rasuwagadhi）、希尔萨（Hilsa）和科达里（Kodari）
的移民局已向北部边境重新开放。

政府致力于提高当前的生产和生产力，以扩大
经济规模，实现可持续和包容性的经济增长，实现
高质量的社会发展，保障安全和公正，实现宏观经
济稳定，加强联邦制和善治，确保国内居民的收入
和就业机会，完善经济和社会基础设施建设，为未
来的经济高速增长奠定基础。

我曾在议会中表示，善治将是政府的首要任务，
政府最重要的成就是获得人民的信任。目前，一种
特权思想正在国内形成，上流社会凌驾于法律之上
似乎已经成为惯例，这无疑会引起人民极大的愤懑，
这种愤懑也形成了人民对国家民主本身的负面认知。
然而，在政府对假冒不丹难民案进行广泛的调查和
行动之后，人们的信任被再次唤醒。

通过对假冒不丹难民案的成功调查，政府不仅证明了法律的至高无上，同时也确立了民主的至高无上。人们曾悲观地认为，精英群体和一部分人在国内可以凌驾于法律之上，事实已经证明，这种想法是错误的，随着对丑闻的成功调查惩处，对民主的维护与净化已经开始。我在此向议会和公众保证，这场整风运动不会停止。试图获取总理官邸土地所有权的拉丽塔王府（Lalita Niwas）土地骗局的被告已于昨日被捕，对以电表和合作社的名义进行公共事业诈骗的打击行动也已经开始，所以，我们需要来自议会和人民的更多支持，这样才能争取政府善治并肃清多年来的腐败。只有打破了贫困的恶性循环，国家和民主才能向前发展，为此，我决心不惜一切代价，摧毁这个邪恶的巢穴。民主有能力纠正其扭曲的一面，而政府正朝着这个方向积极努力。

几年来，我们的农民从未按时收到过化肥，化肥问题每年都成为新闻头条，但情况始终依旧。我在接受信任投票时向庄严的议会承诺，不会再让农民更多使用有机粪肥，如今这一承诺已经兑现，本财年度，我们确保了 7.85 万吨化肥的供应，还另外进口了 19.59 万吨化肥，并以补贴价格分发 14.59

万吨化肥。为及时管理下一财年的化肥，300 亿卢比也已划拨下去。投资委员会已经开始研究在我国开设化肥厂，我最近访问印度时也提出了这个问题。

在马兰奇供水项目必要结构的维护完成后，每年 12 个月的正常供水得到了保障，在此期间，亦有各种项目向 16 万多人提供了经处理的饮用水。我们已经加快了向没有土地的达利特人和擅自占地者发放土地所有权证书的工作。为了识别低收入人群并发放身份证明，我们又在 13 个地区收集了相关数据并开始了分析工作。我们对暴力侵害妇女行为采取零容忍政策，代表国家向受害者提供了援助保护。相关机构也正在努力解决阿迪亚（Adhiya）、哈利亚（Halia）、卡姆拉里（Kamlari）、哈鲁瓦 - 查鲁瓦（Haruwa-Charuwa）等束缚民众自由的问题。[11]

这点我不想详谈，不过我需要告诉议会的是，

11　译者注：Adhiya 是半奴隶制，佃农需向地主支付土地农业总产量的一半；Halia 是位于尼泊尔西部山区的达利特人社会，Halia 制度是分布于此的一种债役制度；Kamlari 是在尼泊尔西部特莱地区实行的一种债役制度，亦指在封建家庭中作为劳役的女仆；Haruwa-Charuwa 是一种以债役为基础的强迫劳动制度，普遍存在于尼泊尔东部特莱地区的农业部门。以上这些都是农业封建制度的残余。

当前我们在发展有形基础设施方面已经取得了重大进展，同时，新增发电能力达408兆瓦，能再满足3%的人口用电，也为实现100%人口用电奠定了基础。

国家发展问题解决委员会与七省首席部长的会议已经结束，该会议旨在解决国家级发展计划实施中的政策和机构间协调问题。会议审查了可持续发展目标的各项指标，而且在制定单独的残疾人法方面取得了进展。

最近我对印度的访问非常成功。在访问期间，尼泊尔和印度签署了一项长期电力贸易协定，尼泊尔在十年内出口10000兆瓦电力，这对尼泊尔来说是一项具有深远影响的历史性协议。与此同时，我们还签署了关于开发480兆瓦的普科特纳利水电项目（Fukot Karnali）和669兆瓦的下阿伦水电项目（Lower Arun）的协议，并为400千伏的布德沃尔-戈勒克布尔（Butwal-Gorakhpur）输电线路奠基。尼泊尔、印度和孟加拉国之间正在签署一项电力贸易协议，通过这项协议，尼泊尔和孟加拉国之间将出口高达40兆瓦的电力，而向第三国进行电力出口贸易，将会被视为尼泊尔经济发展历程上的一个重要的里程碑。

每年我们都会看到这样的新闻，半学年过去了，学生们依旧没有拿到课本，但是现在我们在同一家媒体可以看到这样的新闻：从胡姆拉（Humla）到塔普勒琼（Taplejung），偏远地区的公立学校课本在开学前便已经送到。入学当天，政要们会惊喜地发现，杂志上刊登了一张可爱的女学生微笑着拿着一本书的美丽照片。

几个月前还有报道说，学生们为了在短时间内拿到无异议证书，需要从午夜开始就抱着毯子在巴克塔普尔（Bhaktapur）排队，对于出国留学的年轻学生来说，这种折磨肯定会引起他们对当前国家制度的反感，而现在，他们通过手机就能拿到证书。

可以便捷办理的还有护照，之前需要向中间人支付数千美元，并等待数周才能获得护照，现在办理护照的机构门前不再拥挤，而且不再需要中介来申请，你可以通过手机，全天 24 小时申请办理，而且我们在前七个月，就已经发放了 431 本电子护照。

同样，身份证办理也有了显著改善。截至 12 月 11 日，已印制 7000 张身份证，现在正在两班交替印制 1.5 万张身份证。该活动在 53 个县的 554 个地方开展，已收集约 1300 万公民的详细信息。较为拥挤的县级行政办公室实施了考勤卡和令牌系统，移民信息系统"Nepalpore"也已在移民办公室运行，并用系统生成的二维码签证取代了手写签证。有五个运输管理办公室运行了电子驾照系统。

如今，即使在某些公共节假日，各政府办公室也能提供服务。这些改革是象征性的，但对于建设一个无纸化、无现金、无排队的国家来说是必不可少的。

公共教育和公共卫生是政府工作的重中之重，政府正在安排政府、社区和私立医院提供总床位的10%，用于免费救助贫困、无助和被遗弃的病人，这将使数百万低收入家庭受益。政府还增加了对紧急情况下偏远地区孕妇和产妇的空中救援，并决定在凯拉利的盖塔建立达沙拉特·钱德国立健康科学大学。尼泊尔科学技术学院的一个专门研究中心正在蓝毗尼修建，将巴拉特布尔医院和贝里医院作为国家医学科学院附属医院的决定已经落实，政府还决定将蒂尔甘加医院建设成一个合格的大学，而且在升级政府医院的同时，还将增加新的医学院。为生产基本药品并实现药品自给自足，政府目前已通过尼泊尔药品有限公司对18种药品进行了必要的准备，而且启动了远程医疗服务，向民众提供有关健康问题的咨询。

为鼓励和促进研究与创新，政府设立了一个单独的基金。原住民艺术文化大学和帕舒帕蒂印度教大学的建设工作正在进行中。

为援助遭受地震破坏的土耳其，政府已将包括医疗设备、御寒衣物和婴儿食品在内的 22 吨救灾物资送往灾区。当前与尼泊尔建立外交关系的国家已达 181 个。九项法案已经登记，其中七项在众议院，两项在联邦议会。同样，统一制定和修订八部法律的法案已经通过，十一项法案获得了批准，同时，十七项条例、三项组建命令和五项指导方针也已获得批准。

我在议会发表的第一次讲话中曾经表示决心，要立刻结束国家对于在国外打工的同胞的忽视状态，与此同时，国家还要让在国外工作的人拥有安全与尊严。我们已经完成了一项重大且具有历史性的工作。从历史上看，近 20 万在外就业的公民在几个月内就被纳入了社会保障基金，因此，如果出现相关人员死亡的情况，国家可以为其家庭提供抚恤金并为其子女提供教育保障。

现在，尼泊尔人在国外就业已在很大程度上实现了无障碍和无中介。侨工在劳务审批和再劳务审批时面临的麻烦已经结束。政府已经做出安排，他们可以在海外务工期间获得工作许可，回尼泊尔的时候可以申请工作许可，还可以通过在线系统从国外获得许可证，753 个地方一级的就业服务中心均可以提供劳动审批相关服务。

政府在驻外使馆中指定一名专门的劳务联系人，负责及时处理劳务投诉、欺诈和其他问题。在劳动就业部，劳动呼叫中心已投入使用，全天候接听投诉，政府还成立了快速反应工作小组。

在此期间，政府向 1094 名在国外工作期间死亡的工人家属提供了约 5800 万卢比的抚恤金，向 312 名不幸被截肢的工人发放了 9000 万卢比的补助，向 156 名在国外遇到困难的公民提供了救助，并向因公致残工人的子女提供了 2337.4 万卢比的奖学金。

议长先生！

政府已采取措施消除程序上繁琐的局面，包括指导和监督所有发展项目，也包括国家标志性项目的快速完成。通过采取结果导向的奖惩政策，使项目负责人认真负责。目前，政府正在采取措施，制定政策，让那些在人民战争和各种运动中导致伤残的人员获得免费治疗，获得有尊严的生活，并解决他们的日常生活问题。

尊敬的总统已经批准实施了（尼历）2079 年《尼泊尔公民身份法（第一修正案）》。据此规定，母亲为尼泊尔公民、父亲身份不详，在尼泊尔出生并居住的人，有权根据血统获得尼泊尔公民身份。对于非当地居民的尼泊尔人，政府也为其开通了获得非当地居民尼泊尔公民身份的通道，让他们享有经济、社会和文化权利。

《尼泊尔公报》公布了此前尚未公布的 8471 名烈士名单。

位于热索瓦、希尔萨、科达里的移民办事处已重新开放，22 个新的边境哨所已经设立，博卡拉国际机场投入运营，且已经制定了一项行动计划，以使从高塔姆佛祖国际机场起飞的国际航班正常化。除了大力发展体育事业外，政府还向进入尼泊尔板球队的教练和球员提供了现金奖励。

议长先生！

今天，我想借此机会呼吁，只有从"什么都不会发生，情况也永远不会改变"的自卑感中走出来，这个国家才能重拾信心。我第二次担任总理时，国家曾连续停电十八个小时，但在几个月内，政府就使尼泊尔摆脱了停电的困扰。当前，我们已经达到了可以在几年内向印度和孟加拉国出售电力的地步。令人兴奋的是，我们在减少石油产品进口的同时，还能出口数万兆瓦电力。我们从未如此接近这样光明的未来。

然而，社交网络上所呈现的现状需要与国家事务的轻重缓急保持一致。我们需要思考，为什么愤世嫉俗的情绪会成为社会主旋律？人民面临的真正问题已经消失，但肤浅而廉价的问题却没有得到重视和解决。我们的政治家难道没有因为社交媒体上的支持而违背良心和底线吗？我们的这种行为不正是在削弱政治的品格和面貌吗？

的确，民主不再仅仅依靠情感基础就能得到加强，它需要事实基础。国家已经培养出了新一代选民，他们无需亲历战争，不必为了喝上一杯水而在清晨趟三个小时的河，也不用为了上学走三四个小时的路。他们从未见过这个国家的王室政权通过切断互联网和电话、关闭机场和公路来管理国家，但是，在当今社交媒体中获得解放的一代人需要了解这样一段历史：身穿军装的士兵曾经进入媒体机构，要求编辑们在媒体上印刷什么、展示什么和讲述什么。今天，那些人正在通过社交媒体的评论来误导民众、歪曲民主，他们试图让人们认为过去的生活像当今一样美好，试图让人们忘记现在与二十年前相比所发生的变化，这些变化取决于政府的善治。整个议会应该团结起来，在保持善治的同时，维护真正的民主。

我们议会公共辩论的水平已经下降了很多，这将会使民众形成对民主体制的普遍不信任和幻想的破灭。我曾经向议会抱怨，在我最近访问印度期间，搁置多年的《尼泊尔 - 印度过境条约》经修订后得以续签，向印度和第三世界出口电力取得了历史性突破，但是，议会却将这些伟大的成就抛开不谈，反而花费大量时间去争论穆拉兰戈（Murra Rango）是否是水牛[12]的问题。我请求尊敬的议会能认真对待此类事件对人民的影响。

我们的政府将继续把社会公正、善治和繁荣作为首要任务，体制和程序改革是政府的重中之重，

12　译者注：穆拉兰戈是指从印度引进的用于改良品种的公水牛。

政府将继续加强包容性的联邦民主治理，振兴和增强经济实力，改善并简化公共服务的提供程序，建立方便公民的行政管理，控制腐败并提高国家各级治理水平。我再次重申，政府将致力于加快发展，理顺和平进程，保障社会公正，采取独立和平衡的外交政策，最大限度地保护国家利益。

最后，我要感谢广大民众、行政部门、议会、联盟伙伴、媒体、盟友以及所有政党对政府的持续支持与合作。我期望今后继续得到大家的支持与合作。我在此承诺，在未来的日子里，我将向崇高庄严的议会提交更多有关国家经济和社会生活的令人鼓舞的指标。

谢谢大家！